JN056563

新版

民生委員のための 地域福祉活動 実践ハンドブック

小林 雅彦 ＝ 著

中央法規

はじめに

　本書は、2011（平成 23）年 8 月に発行した『民生委員のための地域福祉活動実践ハンドブック』の内容をベースに、その後の災害発生の状況や防災施策の変化、個人情報の保護に関する法律（個人情報保護法）の改正等を踏まえて、大幅に内容を改変しました。そのため、タイトルを「新版」として発行することにしました。

　改めて本書の内容を説明します。

＜本書の目的＞

　本書は民生委員の皆さんを対象に、主に防災と個人情報保護に関する理解を深めることを目的にしています。加えて、本書執筆中に新型コロナウイルスの感染拡大があったことから、その対応についても取り上げました。

　防災の重要性はいうまでもありませんが、民生委員があらゆることをできるわけではありませんし、その必要もありません。本書では、災害に関して「民生委員である以上、このことは取り組んでほしい」「この程度の知識はもっておいてほしい」ということに内容を絞りました。

　同様に、個人情報保護に関しても、「民生委員としてこれだけは知っておく必要があるだろう」という内容に絞りました。

　忙しい民生委員の皆さんが効率的に必要な知識を修得できるように、できるだけポイントを絞って記述しました。

＜本書の構成＞

◆第 I 章「現代社会と民生委員の役割」

　災害の多発や新型コロナウイルスをはじめとした新たな感染症の登場

など、現代社会ではさまざまなリスクが増大しています。そのなかで、民生委員活動に生じている課題や対応について取り上げました。

◆第Ⅱ章「個人情報保護の意味を正しく理解して活動する」

　2011（平成23）年8月の初版発行以降の個人情報保護法の改正等を踏まえて内容を改訂しました。

◆第Ⅲ章「災害と防災活動の全体像を理解して民生委員として活動する」

　毎年のように災害が起こるなかで、対応する制度が更新されたり活動や経験の蓄積が進んでいます。その内容をできるだけ反映しました。

　防災や個人情報保護に関する解説書はたくさん出ていますが、民生委員の視点からポイントを絞ってまとめた本はありません。本書は、日々の活動に忙しい民生委員の皆さんのために、ポイントを絞り効率的に学んでいただくことを主眼にまとめました。

　本書が多くの民生委員の皆さんに読んでいただき、活動の一助になれば幸いです。

※右ページからの文章は、2011（平成23）年8月に発行した『民生委員のための地域福祉活動実践ハンドブック』に掲載した、私が「東日本大震災で考えたこと」です。ここに書いた被災地でボランティアをすることの意義の2点は今もとても重要だと思っているので、そのまま掲載しました。

東日本大震災で考えたこと

＜東日本大震災で起きたこと＞

　2011（平成23）年3月11日（金曜日）の午後、私は大学5階の研究室で原稿を書いていました。14時46分、コピー室でコピーをとっていたときに地震に遭いました。廊下に出て、壁に手をあてて立っているのがやっとで、「いったいこれは何なんだ」「何事が起きたのだろう」というのが、そのときに頭に浮かんだことでした（大学のある栃木県大田原市は震度6強でした）。

　もちろん人生初めての経験で、その瞬間は、「これだけ大きく揺れたのだから、ここの直下が震源地だろう」と思いました。しかし、少し経ってから駐車場に行き車のラジオをつけ、「太平洋沖が震源地」と聞いたときに愕然としました。「栃木のここでこれだけ揺れたのだから、太平洋沿岸はいったいどうなんだろう？」と思いました。

　研究室に戻ると、約4000冊の本が全部本棚から出て、研究室内は「本の海」のような状態でした。また、食器棚が倒れガラスも散乱していました。以前、阪神・淡路大震災を経験した方から、「家具が倒れるのではなく飛ぶんだ」という話を聞きましたが、まさしくそのような状態で、本が本棚の前に落ちたのではなく飛んでいました。このような状況でしたので、片づけには日数を費やしましたが、実害はほとんどありませんでした。

　以上は私の個人的体験ですが、私の所属する学科では、介護福祉士を目指していた2年の女子学生が、春休みで宮城県の実家に帰省中に津波で亡くなりました。「将来地元でお年寄りのために働きたい」と話していた彼女の無念さを思うと言葉がありません。大学では、少しでもその遺志に応えたいということで、4月から5月にかけて延べ9

日間約 200 人の学生・教職員が、亡くなった学生の地元でボランティア活動をさせていただきました。

＜被災地の方の話で特に印象に残ったこと、考えたこと＞

　私もボランティア活動に参加し、そのときに地元の方から伺ったことで、特に印象に残っていることが 2 点あります。

　一つは、「津波警報が出たときに、すぐに逃げない人がいたので、自治会の役員や消防団員が逃げるように言って歩いたらしいんだけど、そのうち津波が来てしまって皆一緒に・・・」ということでした。そこでは、たまたま民生委員という言葉は出ませんでしたが、実際には、多くの地域で民生委員の方も含めて同じような状況で犠牲になった方がいたのではないかと思います。

　もう一つは、学生ボランティアの一生懸命な姿を見て、「津波で絶望してたけど、こうやって若い皆さんが一生懸命応援してくれる姿を見て、日本の将来は大丈夫だと思った。安心した。私ももう少しがんばるわ」という話でした。

　このお話も含め、被災地でボランティアをすることの意義を改めて 2 点感じました。

①みんなで力を合わせれば大きな力になる

　津波で家や庭や畑に堆積した泥や砂をみた人は、どこから手をつけたらいいのか途方に暮れたといいます。現地に入ったボランティアも最初は同じような感想をもちました。しかし、大勢のボランティアが一斉に作業をし、徐々に床や地面の本来の姿が見えてきたとき、「一人ではなかなかできないことも、多くの人が力を合わせればできる」という当たり前のことを、今回改めて実感しました。

②ボランティアの姿が被災者の意欲を引き出すきっかけになる

　多くのボランティアが活動すれば「泥が片づく」というような直接的な効果がありますが、それとともに、一生懸命に活動するボランティアの姿は、被災された方が、やる気や希望や意欲をもつ（再生する）一つのきっかけを提供できるのではないかということです。もちろん、どう受け止めるかは、被災された方それぞれで違うでしょうし、ボランティア側からそれを押しつけてはいけませんが、今回の活動で伺った話からは、そう実感することができました。

＜誰かが動けば何かが変わる。民生委員はその一翼を担ってほしい＞

　動くということは、頭の中で考えたり議論するのではなく、体を動かし行動することです。そうすることで、周囲の人の気づきや変化を引き起こすことができます。被災地でボランティア活動をして改めてそのことを実感しました。民生委員活動も、この点では、被災地に駆けつけたボランティアと共通していると思います。

　昨年は、無縁社会や所在不明高齢者の問題を契機に、地域のあり方や人々の絆に関心が集まりましたが、東日本大震災を契機として、町内会の加入率が高まったり、コミュニティの新たな組織づくりが進むなど、地域づくりを進めるさまざまな動きが出ています。その動きのなかで、民生委員は多くの地域で重要な位置にいるのではないかと思います。

　民生委員の皆さんは、多くの職務があり多忙な毎日を送っていることとは思いますが、よりよい地域を創るためには、やはり誰かが動くしかありません。民生委員が動くことは、それ自体が地域創りにつながることを確信し、これからも活動に邁進していただくことを願います。そして本書がその一助になれば幸いです。

目次

はじめに

東日本大震災で考えたこと

第 I 章　現代社会と民生委員の役割

1　地域福祉の課題と民生委員活動 ……………………………… 2

2　身近なリスクの拡大と民生委員活動 ………………………… 4

3　新型コロナウイルスが社会福祉に与える影響と民生委員活動 …… 6

4　民生委員が安心して活動するために必要なこと …………… 8

5　新型コロナウイルスの感染防止を意識した災害対応 ……… 10

第 II 章　個人情報保護の意味を正しく理解して活動する

6　個人情報保護の考え方と関連する制度の範囲 …………… 14

7　個人情報保護法の概要①
　（目的、規制の対象になる事業者の範囲） ………………… 16

8　個人情報保護法の概要②（事業者の義務等） …………… 18

9　個人情報保護に対する市町村の役割と責任 ……………… 20

10　本人の事前了解なしに個人情報を第三者に提供できる場合 …… 22

11　個人情報保護法よりも優先する他の法規定 ……………… 24

12　刑法や民法のなかにある個人情報の保護に関係する規定 ……… 26

13　個人情報保護のために専門職や事業者を規制する法律 …… 28

14　市町村から民生委員への個人情報の提供に関する基本的考え方 … 30

15　災害に備えるための市町村から民生委員への個人情報の提供 … 32

16　民生委員活動のなかでの個人情報保護の原則 …………… 35

17　個別の相談援助における情報収集、記録、同意確認の方法 …… 37

18　記録や書類などを適切に保管する ………………………… 39

19　民児協や研修会などで事例検討をするときの注意と工夫 …… 41

20　他の機関などから個人情報の提供を求められたときの対応 …… 43

第Ⅲ章 災害と防災活動の全体像を理解して民生委員として活動する

第1節 防災に関する基礎知識と自分や家族の備え

21 防災と民生委員 …………………………………………………… 48

22 「災害が起こる」とはどういうことか ……………………………… 50

23 日本は災害が非常に多いという現実を理解する …………………… 52

24 市町村を中心とした防災に関する行政の役割 ……………………… 54

25 市町村が作成するハザードマップと防災マップ …………………… 58

26 気象庁が出す防災気象情報 ………………………………………… 60

27 市町村が出す避難勧告や避難指示などの情報と必要な行動 …… 64

28 自分や家族のために日頃から準備しておくこと …………………… 67

29 災害に備えた生活習慣や地域情報の収集 ………………………… 71

30 災害発生時に適切な行動をするために …………………………… 75

第2節 配慮が必要な住民に対する支援を中心とした民生委員の役割

31 地域防災力を高める取り組み ……………………………………… 80

32 防災学習の方法と工夫 ……………………………………………… 83

33 さまざまな災害の状況を想定して避難支援を検討する …………… 86

34 必要な支援は避難行動の段階に応じて異なる …………………… 88

35 災害発生時に高齢者を支援する …………………………………… 91

36 災害発生時に障害者を支援する …………………………………… 93

37 特別な配慮が必要な人のために設置される福祉避難所 ………… 95

38 災害時に民生委員に期待されるさまざまな役割 ………………… 97

第 **3** 節　被災地支援の取り組みと支援に役立つ制度

　39　被災地に物資を送る場合に気をつけること ………………………… 100
　40　被災地を支援するための募金の種類 ……………………………… 102
　41　被災地でボランティア活動をするとしたら ………………………… 104
　42　災害時に活用可能な公的な貸付制度 ……………………………… 106
　43　住宅や生活の再建に役立つ経済的支援の内容 ………………… 108
　44　被災者に支給される弔慰金や見舞金制度 ……………………… 110
　45　災害時の税金等の減免や行政サービスの弾力運用 …………… 112

資料

　1　個人情報の保護に関する法律 (抄) ………………………………… 116
　2　災害対策基本法 (抄) ………………………………………………… 122
　3　災害救助法 (抄) ……………………………………………………… 129
　4　被災者生活再建支援法 (抄) ……………………………………… 131
　5　災害弔慰金の支給等に関する法律 (抄) ………………………… 134
　6　災害種別の注意図記号、避難場所図記号、避難所図記号 ……… 140

著者紹介

第 **I** 章

現代社会と
民生委員の役割

1 地域福祉の課題と民生委員活動
2 身近なリスクの拡大と民生委員活動
3 新型コロナウイルスが社会福祉に与える影響と民生委員活動
4 民生委員が安心して活動するために必要なこと
5 新型コロナウイルスの感染防止を意識した災害対応

1

地域福祉の課題と民生委員活動

地域にはさまざまな福祉課題があると思いますが、民生委員はどのようなことを意識して活動すればよいのでしょうか。

POINT

社会のさまざまな変化によって、地域で新たな福祉課題が生じたり課題が変化しています。そのようななかで、民生委員には地域福祉の大切なこととして、特に次の2つの点を意識した活動が期待されます。
①近所の人たちが知り合う機会をつくる
②地域のなかで周囲が気づきにくい埋もれがちな問題を気にかける

答え

1. 現代社会に起きている変化と地域福祉の課題

　社会で起きている変化にはさまざまなことがありますが、ここでは身近な福祉課題につながっているいくつかの変化をみてみます。

(1) 人口や家族の変化

　子どもの数の減少は、遊びのなかにある子どもの成長機会を奪っています。また、自由に遊べる場所が減り、子どもを巻き込む犯罪が増加していることも、子どもの外遊びの減少につながっています。

　一方、一世帯あたりの人数が減少していますが、このことは家族のもつ助け合い機能の低下につながります。なかでも、高齢者の独居や高齢者のみの世帯の増加は、孤独死（孤立死）の増加につながります。さらに、振り込め詐欺のように、家族が同居していないことや疎遠になっていることにつけ込んだ犯罪も増えています。

(2) 就業形態の多様化

多くの人が正規雇用されていた時代には、職場はセーフティーネット機能を果たしていました。しかし、現在は派遣やアルバイトなど雇用形態が多様化しています。新型コロナウイルスの影響でも明らかになったように、これらの不安定な非正規雇用者は、業績が悪くなると最初に解雇されすぐに生活が困窮することになります。

(3) 近隣関係の希薄化

近隣関係の希薄化が進んでいますが、アパートやマンション等でその傾向が顕著です。特にオートロックマンションの増加は、民生委員が行う訪問や情報収集にとって課題となっています。

(4) 人間関係構築の難しさ

複雑化し自立が強調される現代社会において、周囲の人となじめなかったりいじめや排除されたことがきっかけで、不登校やひきこもりになる人、また「8050問題」のような課題が増えています。

(5) 外国人労働者の増加

地域による違いはありますが、外国人労働者が着実に増えており、例えば、災害時の情報提供等、さまざまな対応すべき課題があります。

2. 民生委員に求められる意識

さまざまな福祉課題が生じるなかで、民生委員には地域福祉の大切なこととして、特に次の2つの点を意識した活動が期待されます。

第一に、近所が知り合う機会を多くつくることです。例えば、災害で避難したとき、知り合いが避難していなければ気になるでしょう。近所が知り合うことは安心して暮らせる地域づくりの第一歩です。

第二に、近所から孤立しがちな人のことを意識的に気にかけるということです。もともと近所とつながりがあれば誰かが異変に気づいたり、情報が入ってきます。民生委員の場合は、地域での関係が薄い人のことを日頃から意識して気にかけておくことが大切です。

身近なリスクの拡大と民生委員活動

> 災害の頻発や新たな感染症など身近なところでさまざまなリスクが
> 増えていると感じます。このようななかで民生委員としてはどのよう
> なことを意識して活動すればよいでしょうか。

POINT

身近なリスクに対しては「正しい知識に基づいて備える」こと
が大切です。そのうえで、実際に何らかの危険性がある場合に
は「無理をしないで、できる範囲のことをする」ことが民生委
員活動の基本です。

答え

1. 身近なリスクの拡大

現代は次のようにさまざまな身近なリスクが拡大しています。

(1) 自然環境の変化と災害の多発

毎年日本のどこかで豪雨による被害が生じ、南海上でエネルギーを蓄
えた台風は大型化しています。最高気温が 35 度以上の猛暑日が増え、
高齢者を中心に毎年数百人が熱中症で亡くなっています。このように自
然環境の変化に伴う被害は確実に増えており、誰にとっても身近なリス
クです。また、東日本大震災では地震や津波被害だけでなく、原子力発
電所の事故という人為的災害も起きました。

(2) 新型コロナウイルス等の新たな感染症によるリスク

新型コロナウイルスは私たちに 2 つのリスクをもたらしました。

第一に、感染リスクです。なかでも、高齢者や基礎疾患のある人は重
症化しやすいことから十分気をつける必要があります。

第二に、経済的リスクです。感染拡大防止のために政府が国民に行動

自粛を要請した結果、経済活動が停滞し、国や自治体が救済策を施しても倒産や解雇等による生活困窮者が相当数増えています。

そして、今後も新しい感染症が登場する可能性は十分にあります。

（3）インターネットによるコミュニケーション手段の変化

インターネットは誰でも世界中とつながることができ便利ですが、一方で、誤った情報や知られたくない個人情報が簡単かつ瞬時に世界中に拡散し、消去できなくなるリスクももっています。

2．身近なリスクが拡大するなかで起こること

人はリスクを前にすると、冷静さを失い嘘を信じたり間違った行動をとりがちです。さらにインターネットはそれに拍車をかけます。

例えば、2016（平成28）年の熊本地震で「動物園からライオンが放たれた」という写真付きのいたずら投稿があり、これを見た人が「善意」で他の人に教えて偽情報が広がりました。また、新型コロナウイルスでは感染した人のプライバシーが暴かれ、差別的言動にさらされた例があり、これもインターネットによって拡散しました。

3．民生委員として

災害時、消防署員や警察官などは危険な状態にある人を助ける義務があります。また、新型コロナウイルスの感染が疑われる患者に対して医師や看護師が「怖いから他の病院に行ってくれ」という対応は許されません。これらはいずれも専門職の義務とされています。

一方、民生委員には「○○しなければならない」という義務はありません。「無理をしないで、できる範囲のことをする」が鉄則です。

同時に、民生委員は誤った情報に踊らされることなく、冷静に情報を判断し正しく行動する必要があります。特に、間違った情報やプライバシー情報の拡散に加担することがないように気をつけてください。

新型コロナウイルスが社会福祉に与える影響と民生委員活動

新型コロナウイルスによって社会福祉にはどのような影響が生じているのでしょうか。民生委員活動と関係することがありますか。

POINT

新型コロナウイルスによって、障害者の日常生活、福祉施設や在宅サービスの運営、地域福祉活動等にさまざまな影響がありますが、民生委員活動や地域の福祉課題にも変化が生じています。

新型コロナウイルスによって、次のようにさまざまな人々や事業者が影響を受けたり変化を迫られています。

1. 障害者の日常生活

障害者の日常生活では、例えば、次のような困難が生じています。

視覚障害者は、スーパーの入り口にある注意書きの紙（文字）がわかりません。商品を手に取り顔を近づけて標示を見ようとすると周りから非難の目で見られます。一方、外出支援をするガイドヘルパーは一定の距離を保ちながらガイドする難しさに直面しています。

聴覚障害者は、相手がマスクをしたままだと口の動きが読み取れず困る場合があります。なお、新型コロナウイルスに関する都道府県知事等の記者会見に手話通訳がつくようになったことは一歩前進です。

障害児では、特別支援学校が休校になったことで生活リズムが崩れたり、保護者が仕事を長期間休んで対応した例もあります。

2. 福祉施設や在宅サービスの運営

障害者施設や老人ホームで集団感染が起きたことはニュース報道のと

おりです。これらの施設は、もともと高齢者や基礎疾患があるなど感染すれば重症化しやすい人がいるので、感染防止に相当気を遣います。職員は、自分も感染リスクを抱えながらたいへんな緊張感のなかで仕事をしており、なかには、家族から言われて施設を退職した人もいます。

　また、高齢者の感染リスクを減らすためにデイサービスやショートステイを一時的に休業した施設もあります。休業による収入減で事業者には経営上の問題が生じますが、同時に、利用者にとっても「行き場がない」という問題が生じます。

3. 地域福祉活動

　地域で行われている集いやサロン活動はほとんどが休止しました。そのため、定期的に参加していた高齢者の外出機会が減り、心身機能の低下につながった例が報告されています。また、活動再開時には、事業者に比べて資金や専門性が乏しいなかで、感染防止の徹底が難しいという声もあります。なお、子ども食堂も多くが休止しました。

4. 民生委員活動への影響

(1) 活動方法への影響

　民生委員自身の感染予防のためにも訪問活動は控えざるを得ないことから、電話やメールなどで連絡をとるなどの対応が行われました。しかし、それらが難しい人との連絡方法等の課題は残っています。

(2) 地域福祉の新たな課題

　事業の休止や外出自粛によって外出や運動機会が減った高齢者の健康づくりや介護予防が改めて課題になっています。子ども食堂の休止は、特に生活困窮世帯の子どもの食生活に影響を与えました。子育てサロンの休止では母親の相談や交流の機会が減りました。新型コロナウイルスの感染予防とこれらの活動の両立が地域福祉の新たな課題になっています。

4

民生委員が安心して活動するために必要なこと

> 民生委員が安心して活動できるように、関係機関にも協力を得ながら民児協として環境整備を進めようと思います。具体的にはどんなことが考えられるでしょうか。

POINT

民生委員が安心して活動できるようにするためには、**学ぶ機会の充実、専門職による助言体制の整備、自治体によるバックアップ体制の確立、民生委員の役割の精査**などが必要です。これらをできるだけ関係機関の協力を得ながら進められるとよいでしょう。

答え

1. 民生委員の活動環境整備の重要性

　民生委員の役割や職務は民生委員法に規定されていますが、民生委員はそれらを一人で担うわけではありません。民生委員同士で協力しあったり地元住民の協力を得るとともに、各分野の専門機関や専門職等による支援が不可欠です。もちろん、現在も民生委員に対する協力や支援はどこでも行われていますが、その内容や程度には差があり、多くの場合、さらに協力や支援をできる余地があると思われます。そのためには、質問のように民生委員協議会（以下「民児協」）の側から積極的に関係機関に働きかけることが大切です。

　その結果、周囲からの協力、支援体制が強化されれば、現在活動している民生委員にとって活動しやすくなることはもとより、改選期に新たに民生委員を委嘱する際にも「周囲の支援があるので安心して活動ができます」という説明をしやすくなります。

8

2. 必要な環境整備の内容

(1) 学ぶ機会の充実

民生委員活動に必要な知識は多岐にわたりますが、例えば、新型コロナウイルスに関する知識のように民生委員自身の健康や安全にかかわることは学習の優先度が高いでしょう。また、介護保険制度や防災のように誰にでも関係する知識を学んでおけば、どこかで民生委員自身や家族にも役立ちます。民生委員として学ぶことは、いつも周囲のためばかりではなく、実は自分のためにもなるということを民生委員自身が理解できれば、自ずから学習意欲も高まるでしょう。

(2) 専門職による助言体制の整備

例えば、精神障害者とコミュニケーションをとる場合、病気の特性に応じた対応の仕方があり、これは認知症の高齢者に対応するときも同様です。民生委員が、それぞれの人に合わせた適切なコミュニケーション方法を学んでおけば、そして必要に応じて気軽に相談できる仕組みがあれば、民生委員はこれらの人に安心して対応できるようになり、結果的にこれらの人に対する支援を拡大することにもつながります。

(3) 自治体によるバックアップ体制の確立

役所が休みの週末やお正月等に緊急に対応すべき問題が起きたとき、スムーズに関係者と連絡がとれる仕組みがないと民生委員がその問題を抱え込むことになりかねません。このようなことが起こらないように自治体は必ず緊急時の連絡方法を確立し、そのことを民生委員に周知しておくことで不安を解消する必要があります。

(4) 民生委員の役割の精査

自治体が主催するイベントや一般的な講演会等で民生委員に出席を依頼することがありますが、「動員」のための声かけはやめ、真に必要な場合や意味のある場合にのみ声をかけるようにすべきでしょう。

新型コロナウイルスの感染防止を意識した災害対応

新型コロナウイルスによって、災害時の対応、特に避難のあり方が課題になっていると聞きますが、どのような意味でしょうか。

POINT 多くの人が密集する災害時の避難所は、新型コロナウイルスの感染リスクが高まります。避難所を感染源にしないための工夫をする必要がありますが、状況が許せば避難所に行かない避難など、行政、住民、それぞれの立場で知恵を出し工夫する必要があります。

答え

1. 適切な避難場所、避難方法を選ぶ

これまでは「災害時に避難すること＝避難所に行くこと」とされていました。しかし、次の2つの理由から避難所に行くことがいつでも最適な行動とは限りません。

1つは、例えば、夜間真っ暗ななかでの避難はむしろ増水した川に流される等の危険を伴う場合があるからです。

もう1つは、新型コロナウイルスの感染リスクです。避難所は、後述するように感染源にならないために工夫をする必要がありますが、それでも感染リスクが高いことは否めません。

したがって、必要な場合には避難所に行くことをためらうべきではありませんが、状況が許せば自宅の2階やアパートの上層階の知り合いの部屋に一時的に身を寄せる垂直避難や、近所の知り合いや親類の家に身を寄せる縁故避難も考えたほうがよいでしょう。また、安全な場所に停めた車での「車中泊」（その場合は、エコノミークラス症候群に注意）

やテントを張っての避難、さらに、金銭的負担を伴いますが、安全な場所にあるホテル等で時間を過ごすことも考えられます。

　なお、避難所にいないと食料や物資の援助を受けにくくなり、必要な情報も入りにくくなることから、その点への対応は地方自治体でも工夫する必要があります。

2．避難所と避難者の工夫

（1）避難所の工夫

　前述のようにさまざまな場所への分散避難が行われたとしても、相当な人数が避難所に集まる可能性があります。そこで、避難所を感染源にしないために次のような工夫をする必要があります。

①入場に当たって、検温、マスク着用、手指消毒等を徹底する。そのため避難所として、体温計やマスク、消毒液等を用意する。

②発熱等の異常がある人は、避難スペースを他の人と別にする。

③床に位置を示すテープ等を貼って避難者同士の間隔をあける。

④床に落下したウイルスを吸い込む危険性を減らすため、段ボールベッドなど、床よりも高い位置で過ごせるように工夫する。

⑤間仕切りやカーテン等を使い、家族単位でスペースを区切る。

⑥定時に窓を開けたり網戸を取り付けたり大型扇風機を使うなどして、換気を徹底する。

⑦可能ならドアを開けたままにして、ドアノブを触らなくてよいようにする。無理な場合はこまめに消毒する。

（2）避難者の工夫

　必要な場合に避難所への避難をためらうべきではありませんが、その場合、仮に熱がある場合には正直に申告することや、感染予防のために各自でマスクや消毒液、固形石けん（自分専用で使うため）、使い捨てビニール手袋などを持参するようにするとよいでしょう。

第 **II** 章

個人情報保護の意味を
正しく理解して活動する

6　個人情報保護の考え方と関連する制度の範囲

7　個人情報保護法の概要①
　（目的、規制の対象になる事業者の範囲）

8　個人情報保護法の概要②（事業者の義務等）

9　個人情報保護に対する市町村の役割と責任

10　本人の事前了解なしに個人情報を第三者に提供できる場合

11　個人情報保護法よりも優先する他の法規定

12　刑法や民法のなかにある個人情報の保護に関係する規定

13　個人情報保護のために専門職や事業者を規制する法律

14　市町村から民生委員への個人情報の提供に関する基本的考え方

15　災害に備えるための市町村から民生委員への個人情報の提供

16　民生委員活動のなかでの個人情報保護の原則

17　個別の相談援助における情報収集、記録、同意確認の方法

18　記録や書類などを適切に保管する

19　民児協や研修会などで事例検討をするときの注意と工夫

20　他の機関などから個人情報の提供を求められたときの対応

個人情報保護の考え方と関連する制度の範囲

個人情報の保護が重要なことはわかりますが、民生委員としては、具体的にどんな制度に関する知識をもっておく必要がありますか。

POINT

民生委員は、多くの個人情報に触れます。職務を適切に行うためには、「個人情報の保護に関する法律」（以下「保護法」）だけでなく、その基本となる考え方や関連する制度についても理解することが大切です。また、活動の連携相手となる地方自治体や専門機関に課せられている義務なども一通り知っておくとよいでしょう。

答え 個人情報の保護を話題にすると、どうしても保護法に関心が集中し、「それを守りさえすればいいんだ」とか、「個人情報はとにかく隠すべきだ」といった「過剰反応」もみられます。

大切なことは、現代社会では、そもそも「他人に知られたくない自分の個人情報をみだりに公開されない権利」や「自分の情報を自分のコントロール下に置く権利」は、基本的権利としてすべての人に保障されていると理解することです。これらの表現は憲法や各種の法律にそのまま出ているわけではありませんが、これまでの法律の解釈や判例によって、実質的に保障されていると考えられます。

1. 情報は見えないからこそ守る意識が大切

個人情報は目に見えません。自分の持ち物を、誰かが勝手に持っていけばなくなったことにすぐに気づきますし、そのような行為が違法だということは明白です。ところが個人情報の場合は、自分に関する情報を、それを知っている第三者が勝手に他人に提供しても、なかなか自分では

気づきません。あとになって誰かの指摘によって気づかされたり、不利益や不都合が生じることがあります。このように、個人情報は目に見えないからこそ、保護の重要性に対する認識を社会全体に徹底し、そのための具体的なルールを確立しておく必要があるということです。

一方、必要以上に（あるいは誤った方向で）保護を追求すると、本来、個人情報を誰かに示すことによって得られるはずの本人の利益が得られなくなる、というマイナス面があることも知っておく必要があります。

2. 個人情報保護法以外の法も知っておいたほうがよい

以上のような基本的理解を前提に、民生委員としては、個人情報保護に関する以下のような制度を知っておくとよいでしょう。

第一に、民生委員の職務や活動の原則などを定めた民生委員法です。第15条に守秘義務が定められています。

第二に、保護法や「行政機関の保有する個人情報の保護に関する法律」など、個人情報の保護そのものを目的とした法律です。

第三に、福祉施設や専門相談機関などの個人情報保護や守秘義務などを定めた法です。民生委員活動では、これらの機関から情報提供を受ける必要が生じることがあります。そのため、これらの機関が、個人情報保護に関してどういった責務があるかを知っておくことも必要です。

第四に、プライバシー侵害などの不法行為を行った者を罰したり、そのために被った損害を回復するための損害賠償責任などを規定する法です。これに関しては、刑法や民法のなかに関係する条文があります。

以上のように、個人情報保護にかかわる法は、保護法だけではありません。以下、第Ⅱ章では、このような視点に立って、幅広い観点から、個人情報保護に関連するさまざまな制度の内容を学びます。

個人情報保護法の概要①
（目的、規制の対象になる事業者の範囲）

「個人情報の保護に関する法律」とはどんな目的をもち、誰を対象にした法律ですか。民生委員にはどのような関係がありますか。

POINT

「個人情報の保護に関する法律」（以下「保護法」）では、情報は本人のものであるという考え方を基本として、事業のために個人情報を利用している事業者の責任を明確にしました。民生委員は、直接、この事業者に該当するわけではありませんが、保護法の基本となる考え方は民生委員活動にも通じるものですので、その内容を正確に理解しておくことが大切です。

答え 個人情報保護法の概要

(1) 法の目的

　保護法は、個人情報はその情報が示す本人のものであり、どう利用するかはすべて本人が決めるという考え方を明確にしました。その前提に立ち、本人の意に反して（または知らないところで）個人情報を利用することを禁じ、それが実際に守られるようにさまざまな対策を求めています。

(2) 個人情報とは

　保護法が保護の対象にする個人情報とは、生存する個人に関する情報で、次の2つがあります。

①その情報に含まれる記述によって特定の個人を識別することができる
　もの。次のような情報が該当します。

<事実情報>氏名、生年月日、戸籍事項(出生地・家族構成)、電話番
　　号、障害の有無、病歴、学歴、職歴、財産の状況、年収、賞罰歴など
<思想信条に関する情報>信じている宗教、支持政党など

②個人識別符号が含まれるもの。次のような情報が該当します。

> ＜体の一部の特徴を変換した符号＞指紋、掌紋、DNA、声紋など
> ＜サービス利用などのために各人に割り振られる符号＞マイナンバー、
> 　旅券番号、基礎年金番号、免許証番号など

　これらの情報の表示（保存）形態は、文字だけでなく、写真、ビデオ映像や録音テープなどの音声情報など、さまざまな形態が対象になります。なお、個人に関する情報ですから、団体や会社などに関する情報は対象外です。また、死亡した人の情報も原則として対象になりません。

(3) 要配慮個人情報とは

　要配慮個人情報とは、不当な差別や偏見などにつながりやすい人種、信条、社会的身分、病歴、犯罪歴、犯罪被害経験、障害の有無、健康診断のデータなどが該当します。要配慮個人情報を取得する場合は原則として本人の同意が必要であり、他の個人情報のように「オプトアウト」（個人情報を第三者に提供する場合があることをあらかじめ明示していれば、個別に同意をとらなくてよいという考え方）は適用されません。

(4) 規制の対象になる事業者とは

　保護法はすべての事業者を規制するわけではなく、個人情報を名簿や電子ファイルなどでデータベース化して保有し、かつ、それを事業のために使っている事業者を個人情報取扱事業者（以下「取扱事業者」）として規制の対象にしています。この場合、事業者の種類や性格は問わないので、株式会社などだけでなく、病院、学校、福祉施設なども取扱事業者になります。また、規模の大小による違いもありません。一方、国や自治体は、より厳格な保護対策が必要なことから、別の法律を設けており、保護法が規定する取扱事業者からは除かれています。

個人情報保護法の概要②（事業者の義務等）

「個人情報の保護に関する法律」は、個人情報取扱事業者に対してどのような義務を課しているのですか。また民生委員にはどのような関係がありますか。

POINT

「個人情報の保護に関する法律」（以下「保護法」）は、個人情報取扱事業者（以下「取扱事業者」）にさまざまな義務を課しています。その1つに、ボランティアも含めた従業者などの監督義務があります。そのため、ボランティアをする際に活動先から研修受講や誓約書の提出を求められることがあります。

答え

保護法は、取扱事業者に対し次のような義務を課しています。

①利用目的のできる限りの特定（第15条）

個人情報の入手の際には、例えば、「当社の事業に活用します」というような包括的表現でなく、「○○の発送に使用します」というように、できるだけ利用目的を特定して情報を入手しなければなりません。

②利用目的による制限（第16条）、第三者提供の制限（第23条）

事前に本人の同意を得ないで情報を利用目的以外に使ったり、第三者に提供することは禁じられています。この規定が保護法のなかで最も重要な項目といえます。ただし、**10**で述べるように、この規定には、緊急性がある場合など、いくつかの例外があります。

③適正な方法での取得（第17条）

例えば、幼い子どもから親の情報を聞き出したり、強迫や虚偽の説明をするなど、不正な方法による個人情報の入手は禁じられています。

④利用目的の通知等（第18条）

あらかじめ利用目的を明示する前に個人情報を入手した場合（例えば、相手から先に氏名や住所を名乗って連絡をしてきた場合）で、その情報を事業に利用する場合には、本人に通知するか公表をする義務があります。

⑤データ内容の正確性の確保に努める義務（第19条）

間違ったデータが利用されると、本人に不利益が生じる可能性があるので、データを正確かつ最新の内容に保つよう努める義務があります。

⑥安全に管理する義務（第20条）

個人情報が漏れたり、盗まれたり、捨てられたり、消滅しないように、必要な措置をとる義務があります。これは、個人情報が第三者に流出した場合などに、本人に不利益が生じる可能性があるからです。

⑦従業者を監督する義務（第21条）

個人情報保護のために従業者を監督する義務があります。保護法でいう従業者には、職員だけでなく実習生やボランティアなども含まれます。つまり、施設ボランティアが施設利用者の個人情報を本人の了解なしに第三者に話したら、その施設が責任を問われる場合があるということです。そのため、取扱事業者は実習生やボランティアなどに対して研修や誓約書の提出などによって、個人情報保護の遵守を求めることになります。民生委員であっても、ボランティアとして活動する場合には、改めてこれらのことが求められることになります。

⑧委託先の監督義務（第22条）

取扱事業者は、入力業務などのためにデータを第三者に預けた場合（この預ける行為自体は違法ではなく、本人から同意をとる必要もありません）、適切な管理が行われるよう委託先を監督する義務があります。

⑨開示（第28条）・訂正等（第29条）・利用停止等（第30条）への対応

取扱事業者は、本人から閲覧や訂正、利用停止を求められた場合は、拒否をする正当な理由がない限り速やかに対応する義務があります。

個人情報保護に対する市町村の役割と責任

個人情報保護に関して、市町村にはどのような役割がありますか。
民生委員とはどのような関係があるのでしょうか。

POINT 個人情報保護に関する市町村の役割や責任は、それぞれの市町村の条例によって定められます。その内容は、主に、①その区域内で個人情報が適切に取り扱われるように市町村が取り組む施策、②市町村自身が保有している個人情報を適正に取り扱うための具体策、の2点です。このうち、②の内容が民生委員などへの情報提供について関係してきます。

答え 1. 個人情報保護における市町村の2つの役割

「個人情報の保護に関する法律」（以下「保護法」）は、市町村に対して次の2つの責務を課しています。

①区域の特性に応じて、個人情報の適正な取り扱いを確保するために必要な施策を策定し、及びこれを実施する責務（保護法第5条）

②その市町村が保有する個人情報の取り扱いに関して適切な取り扱いが確保されるよう必要な措置を講ずることに努める義務（保護法第11条）

2. 市町村の役割や責任は個人情報保護条例に明記される

上記の①②を進めるため、市町村は個人情報保護条例を制定しています。内容は各市町村が独自に定めますが、国の「個人情報保護に関する基本方針」（2004（平成16）年4月に閣議決定、その後改正）によると、個人情報保護条例の制定にあたっては、保護法と「行政機関の保有する個人情報の保護に関する法律」の2つの法律の内容を踏まえ、個人情報の定義の明確化や要配慮個人情報の取り扱いなどに留意するよう市町村

に求めています。

　保護法を踏まえた規定としては、利用目的の通知、第三者提供の制限、安全管理義務など、保護法が取扱事業者に課している責務と同様の責務が各市町村がつくる個人情報保護条例に盛り込まれています。

　一方、「行政機関の保有する個人情報の保護に関する法律」は、もともとは国の機関を対象にした法律ですが、市町村にも、同法で定めている行政機関内部での情報共有のルールなどにおいて、国と同様の取り組みを求めています。

3.　個人情報保護条例の主な内容

　以上により、市町村の個人情報保護条例には次の2つの役割が明記されています。

①その市町村域での個人情報保護を適切に進めるための取り組み内容

②市町村自身が保有する個人情報の保護や適切な取り扱い方法

4.　市町村には個人情報保護審議会と個人情報保護審査会が置かれる

　個人情報保護にかかわって、市町村は次の2つの機関を設置します。

①「個人情報保護審議会」は、各市町村が個人情報保護の取り扱いの基本的事項などを審議するために外部の有識者などで構成します。もし、市町村が民生委員に対して個人情報を提供したいと考えた場合、通常この審議会で審議され、その結果をもとに市町村が判断します。

②「個人情報保護審査会」は、自治体の保有する個々の住民の個人情報に対する情報開示請求や訂正の請求に対する自治体の決定にかかわる不服申立を審査します。

　なお、これら2つの審議会は、機能に共通性があることから、市町村によっては1つに統合している場合もあります。

本人の事前了解なしに個人情報を
第三者に提供できる場合

> 本人の事前の了解がなくても、個人情報を第三者に提供できる場合があるそうですが、それは具体的にどのような場合ですか。民生委員にはどのような関係がありますか。

POINT 他の法律で提供が義務づけられている場合や、明らかに本人のためになる場合などは、本人の事前の了解がなくても第三者への提供や目的外使用が認められています。この原則は、民生委員が必要に応じて本人の事前了解なしに第三者に情報提供する場合にも適用できると考えられます。

「個人情報の保護に関する法律」（以下「保護法」）には、本人の事前了解なしに個人情報を第三者に提供してはならないという「第三者提供の制限」があります。

第23条　個人情報取扱事業者は、次に掲げる場合を除くほか、あらかじめ本人の同意を得ないで、個人データを第三者に提供してはならない。

①法令に基づく場合

②人の生命、身体又は財産の保護のために必要がある場合であって、本人の同意を得ることが困難であるとき。

③公衆衛生の向上又は児童の健全な育成の推進のために特に必要がある場合であって、本人の同意を得ることが困難であるとき。

④国の機関若しくは地方公共団体又はその委託を受けた者が法令の定める事務を遂行することに対して協力する必要がある場合であって、本人の同意を得ることにより当該事務の遂行に支障を及ぼすおそれがあるとき。

　この条文の①〜④にあるように、他の法で提供が義務づけられている場合や、明らかに本人の利益になる場合、公益の観点から必要性が認められる場合などは、本人の事前了解がなくても第三者への提供が認められます。

　①は、例えば、報告や提出が法律で義務づけられている場合であり、税金に関してはそのような規定が多くみられます。また、法律の義務づけはないものの、法律を根拠にした公的機関の情報提供の求めに協力して個人情報を提供する場合も考えられます（例：刑事訴訟法第197条に基づく警察の任意捜査への協力）。ただし、この場合、情報提供は義務ではないことから、通常は協力が優先すると考えていいとは思いますが、内容によっては慎重な判断が必要な場合もあります。

　②は、例えば、救急車で搬送される人の血液型や家族の連絡先情報を救急隊員に教えることや、一人暮らしの認知症高齢者が高額な商品を買わされていることを知った訪問介護事業所が消費生活センターなどに通報する場合が該当します。

　③は、例えば、健康診断やがん検診の結果などの関係機関への報告や、児童の不良行為や不登校に関する情報を児童相談所や学校などの関係機関が交換したり共有する場合などが該当します。

　④は、上記①のように協力や提出の義務は伴わず、行政機関が「法令の定める事務」を行う場合に任意で協力することをいいます。例えば、税務署員が行う任意の調査や、行政機関が行う統計調査への協力などです。これらの場合は、個人情報の保護と行政への協力のどちらの必要性が高いかを比較して個別に妥当性を判断することになるので、すべてにおいて行政への協力が優先されるとは限りません。

　なお、以上の考え方は、保護法第16条の「利用目的による制限」（当該事業所が、あらかじめ本人の同意を得ている利用目的以外のことに情報を利用することを禁じる内容）に関しても、共通しています。

11

個人情報保護法よりも優先する他の法規定

個人情報保護法よりも優先的に扱われる法律があると聞きましたが、それはどんな法律ですか。民生委員にどのような関係がありますか。

POINT

個人情報の保護に関する法律（以下「保護法」）よりも優先する法には、①本人の保護を優先する場合、②公益性を優先する場合、の２つの目的があります。前者のなかには、福祉関連の法が含まれているので、特に民生委員には必須の知識です。

答え 保護法第23条には第三者提供には本人の事前の了解を必要とするという「第三者提供の制限」がありますが、「法令に基づく場合」は本人の事前の了解がなくても第三者に提供できます（**10**参照）。この場合の根拠となる法、つまり保護法よりも優先される法には、次の２種類があります。

①本人の保護を図るために情報提供する必要があり、本人の了解を得ることが困難な場合に適用される法

②本人の保護よりも公共の利益を優先させるための法

1. 本人の保護を優先する法

これに該当する法の典型が、虐待防止を目的とした法です。例えば、「児童虐待の防止等に関する法律」第６条（次ページ参照）では、児童虐待に係る通告の義務が定められています。

児童虐待の発見者は、第１項で通報義務を課されているわけですから、保護法23条第１項第１号にある「法令に基づく場合」に該当しており、

その時点で違法性はなくなります。また、保護法以外にも、刑法の秘密漏示罪（**13**参照）や専門機関などに対して守秘義務を課した各種の法があることから、第3項で虐待の発見に伴う通報（という個人情報の提供）の義務のほうがこれらよりも優先することを改めて明示しています。

（児童虐待に係る通告）

第6条　児童虐待を受けたと思われる児童を発見した者は、速やかに、これを市町村、都道府県の設置する福祉事務所若しくは児童相談所又は児童委員を介して市町村、都道府県の設置する福祉事務所若しくは児童相談所に通告しなければならない。

2　（省略）

3　刑法（明治40年法律第45号）の秘密漏示罪の規定その他の守秘義務に関する法律の規定は、第1項の規定による通告をする義務の遵守を妨げるものと解釈してはならない。

民生委員は、そもそも保護法の規制対象になる個人情報取扱事業者ではありませんし、秘密漏示罪の対象になる専門職でもありませんが、一方で民生委員法第15条によって秘密保持義務を課されています。

そのこととの関係でいえば、この第3項があることによって、「虐待を通報した場合、その人が民生委員であっても民生委員法第15条違反には問われません」ということを明示しているわけです。なお、高齢者虐待の防止や障害者虐待の防止に関係する法律にも同様の規定があります。

2. 公益の保護が優先する場合

個人情報取扱事業者が、裁判所から文書の提出命令を受けた場合や所得税の支払い調書を税務署長に提出する場合など、行政機関が業務を適正に執行するために必要な情報を義務として提供する場合が該当します。

12

刑法や民法のなかにある個人情報の保護に関係する規定

刑法や民法にも個人情報保護に関連する規定があると聞きましたが、それはどのような内容ですか。民生委員とどのような関係がありますか。

POINT　個人情報保護と関連する規定として、名誉毀損（刑法）や損害賠償（民法）などがあります。通常の民生委員活動のなかでこれらが問題になる可能性はほとんどないでしょうが、現代では思いもかけない場面で責任を問われることもあります。参考知識として知っておくとよいでしょう。

答え　「個人情報の保護に関する法律」は、事業者による個人情報の悪用や濫用を未然に防止するための歯止め策を定めた法です。これに対し、知られたくない情報を勝手に公表されて実際に名誉やプライバシーを傷つけられた場合に、事後的に処罰したり救済するための制度が、刑法の名誉毀損や民法の損害賠償の規定です。

1.　刑法の名誉毀損罪

　刑法の窃盗罪（他人の所有物を盗む）や傷害罪（他人を傷つける）などは、いわば目に見える犯罪です。一方、名誉毀損はそれ自体は目に見えませんし、実際にあまり起きていない犯罪ですが、犯罪には変わりありません。刑法第230条「名誉毀損」には、「公然と事実を摘示し、人の名誉を毀損した者は、その事実の有無にかかわらず、3年以下の懲役、若しくは禁固又は50万円以下の罰金に処する。」とあります。「その事実の有無にかかわらず」ということですから、内容が事実かどうかではなく、本人が名誉を毀損されたと感じて訴えた場合、罪になる可能性が

あるということです。実際に罪になるかどうかは、例えば、不特定多数の人がわかるように情報を発信したり発言したのか、その行為の公益性の有無、さらにその行為によって本人の社会的評価が実際に下がったのかなどで判断することになります。

2. 民法の損害賠償責任

　民法は、第709条の「不法行為による損害賠償」で、「故意又は過失によって他人の権利又は法律上保護される利益を侵害した者は、これによって生じた損害を賠償する責任を負う。」と規定しています。次いで第710条の「財産以外の損害の賠償」で、「他人の身体、自由若しくは名誉を侵害した場合又は他人の財産権を侵害した場合のいずれであるかを問わず、前条の規定により損害賠償の責任を負う者は、財産以外の損害に対しても、その賠償をしなければならない。」と規定しています。つまり、財産の侵害だけでなく、名誉を侵害した場合も損害を与えたことになり、侵害した側は損害賠償の義務を負うということです。

3. 日頃から信頼関係をつくることが大切

　刑法の名誉毀損罪は、「親告罪」といって、名誉を毀損された（と思っている）人が訴えて初めて罪を問うことが可能になります。また、民法の損害賠償も同様に、本人が請求をして初めて賠償責任が争われます。つまり、これらの罪や責任は、同じような行為でも、両者の関係によって罪や責任の有無や程度が変わるということです。

　人々の間で起きているさまざまな争いのなかには、すぐ適切な方法で謝罪することで一件落着となる場合がある一方で、それをしなかったために、こじれて裁判にまでなってしまうこともあります。裁判になればどちらの立場でも、多くの費用や時間やエネルギーを使います。そうならないためには、日頃からの信頼関係の構築や、万が一、問題が起きたときの誠実で素早い対応が重要になります。

個人情報保護のために専門職や事業者を
規制する法律

民生委員活動のなかで、いろいろと個人情報のやりとりをすることがある専門職や事業者などは、個人情報保護に関してどのような義務がありますか。

POINT 医療や福祉関係の専門職は、一人の専門職として守秘義務があるとともに、それぞれの所属する事業所にも守秘義務が課されています。

答え

1. 専門職としての守秘義務

(1) 刑法の秘密漏示罪

　刑法は、個人の重大な秘密に触れる職業である医師や弁護士などに対して、秘密漏示罪（第134条）を設けて秘密保持を求めています。

（秘密漏示）

第134条　医師、薬剤師、医薬品販売業者、助産師、弁護士、弁護人、公証人又はこれらの職にあった者が、正当な理由がないのに、その業務上取り扱ったことについて知り得た人の秘密を漏らしたときは、6月以下の懲役又は10万円以下の罰金に処する。

---

(2) 福祉の専門資格保有者の守秘義務

　社会福祉分野には、社会福祉士、介護福祉士などの資格がありますが、例えば「社会福祉士及び介護福祉士法」では、正当な理由がなく、その業務に関して知り得た人の秘密を漏らした場合、1年以下の懲役または30万円以下の罰金と定めています。この義務は、社会福祉士または介護福祉士でなくなったあとでも同様です。また、精神保健福祉士や医療関

係の有資格者もそれぞれに関係する法のなかで守秘義務が規定されています。

2. 事業者としての守秘義務

　例えば、介護保険事業者は介護保険法や同法に基づく事業者の指定基準によって守秘義務が課せられています。このように福祉や医療に関連する事業者は、いずれも関係する法や指定基準などによって何らかの守秘義務が課されています。また、「医療・介護関係事業者における個人情報の適切な取扱いのためのガイダンス」（厚生労働省）のなかでも守秘義務の詳細が定められています。

3.「専門職の義務＋事業者の義務」としての秘密保持義務がある

　以上のように、例えば、一人の社会福祉士に着目した場合、まず第一に社会福祉士という専門職として、第二に自分が所属する事業者の指定基準によって、そして、第三に個人情報保護法の規制対象の事業者として、というように3段階で守秘義務が課せられているということになります。

4. 善意だけでは免責されない

　民生委員（だけに限らず第三者）が、その人の役に立ちたいという善意から、例えば、病院に入院した人や老人ホームに入所した人の様子などを尋ねることがあります。この場合の原則は、いくら善意からであるとしても、専門職の立場や事業者の立場では、本人の了解がない限り第三者に個人情報を教えることはできません。

　なお、どの法律にも「正当な理由がなく」といった主旨のただし書きがあります。つまり、明らかに本人のために必要な場合で、その他に方法がなければ、本人の了解がなくても個人情報を第三者に教えることが認められます。ただし、それはあくまでも災害時や犯罪被害の防止、本人の安全確保などの特別な場合に限られます。

14

市町村から民生委員への
個人情報の提供に関する基本的考え方

私の市では、一人暮らし高齢者の名簿が民生委員に提供されません
が、隣の市では提供されたと聞いています。市町村からの民生委員に
対する個人情報の提供に関する原則のようなものはないのでしょうか。

POINT

市町村によって個人情報の提供に関する取り扱いはさまざまで
すが、国は、民生委員固有の立場や責任があることを背景に、
必要な個人情報を提供することが望ましいという考えを示して
います。

答え 市町村が保有している個人情報の取り扱いは、各市町村が策
定する条例で定められています（**9**参照）。そのなかで、目的外
使用や第三者提供の禁止といった原則はどこでも共通していますが、一
方で、民生委員に対する個人情報の提供の状況は市町村によって異なり
ます。その理由は、民生委員に対する個人情報の提供の重要性と目的外
使用や第三者提供の禁止との関係をどのように考えるかが、市町村によ
り異なっているからです。

国から市町村に対して「必要な個人情報を民生委員に提供しなければ
ならない」といった義務づけはされていませんが、国が示した「個人情
報の保護に関する法律についてのガイドライン」とそれに関する「Q & A」
（右ページ参照）で基本的な考え方が示されています。

そこでは、民生委員には法で守秘義務が課せられていることや特別職
の地方公務員として公的な位置づけがあることをあげ、「必要な個人情
報が適切に提供されることが望ましい」と明記しています。

Q5-20 民生委員・児童委員をしていますが、市町村や民間の事業者から、活動に必要な個人情報の提供を受けられず苦慮しています。提供を受けることは可能ですか。

A 　民生委員・児童委員は、福祉事務所などの協力機関として職務を行うものとされており、活動の円滑な実施のためには、個人情報の適切な提供を受ける必要があります。民生委員・児童委員には、民生委員法等において守秘義務が課せられていることも踏まえ、各主体から、その活動に必要な個人情報が適切に提供されることが望ましいと考えられます。

　民生委員・児童委員は特別職の地方公務員と整理されているため、当該民生委員等への個人データの提供が法令に基づく場合や、当該民生委員等が法令の定める事務を遂行することに対して協力する必要があり、本人の同意を得ることで当該事務の遂行に支障を及ぼすおそれがある場合は、本人の同意を得ることなく当該個人データを提供することができると解されます（個人情報保護法法第23条第1項第1号及び第4号）。したがって、これらの場合、民生委員等は本人の同意を得ることなく、個人データの提供を受けることは可能と考えられます。

　また、地方公共団体の保有する個人情報については、それぞれの条例に基づいて提供が行われることとなります。

（平成30年7月20日更新）

　このように、民生委員は人物が特定され、かつ公的な立場をもつことから、市町村は活動に必要な個人情報を民生委員に提供すべきだと考えます。ただし、このことは最終的には市町村が決めることですので、民生委員協議会としては市町村とよく話し合うことが大切です。

　なお、個人情報の提供を受ける場合には、民生委員協議会として取り扱い要領やマニュアルなどを作成したり、学習会を開いたり、民生委員が誓約書を書くなど、適切な取り扱いのための取り組みを強化する必要があります。

15

災害に備えるための市町村から民生委員への個人情報の提供

災害に備えるために支援が必要な人の名簿の提供を民児協から市に要請する予定です。その際に根拠となる法律などはありますか。

POINT 災害対策基本法では、避難行動要支援者本人の同意があれば当然に、また同意がない場合でも市町村が条例で定めれば民生委員に避難行動要支援者の名簿情報を提供できることが規定されています。

答え 1. 災害対策基本法のなかの関係する用語の内容

災害対策基本法は 1959（昭和 34）年の伊勢湾台風を契機に総合的な防災対策を進めるために 1961（昭和 36）年に制定されました。度々改正が行われてきましたが、2013（平成 25）年 6 月の改正で避難行動要支援者名簿の作成や民生委員の役割等が明記されました。そこでは、関連する用語が次の表のとおりに定義されています（災害対策基本法第 8 条第 2 項第 15 号および第 49 条の 10）。

要配慮者	高齢者、障害者、乳幼児その他の特に配慮を要する者
避難行動要支援者	上記の要配慮者のうち、災害が発生し、または災害が発生するおそれがある場合に自ら避難することが困難な者であって、その円滑かつ迅速な避難の確保を図るために特に支援を要するもの

2. 避難行動要支援者名簿の作成について

　次の条文にあるように、災害対策基本法は市町村長に対し避難の支援などに活用するために避難行動要支援者名簿の作成を義務づけています。

> 第49条の10　市町村長は、当該市町村に居住する要配慮者のうち、災害が発生し、又は災害が発生するおそれがある場合に自ら避難することが困難な者であつて、その円滑かつ迅速な避難の確保を図るため特に支援を要するもの（以下「避難行動要支援者」という。）の把握に努めるとともに、地域防災計画の定めるところにより、避難行動要支援者について避難の支援、安否の確認その他の避難行動要支援者の生命又は身体を災害から保護するために必要な措置（以下「避難支援等」という。）を実施するための基礎とする名簿（以下この条及び次条第1項において「避難行動要支援者名簿」という。）を作成しておかなければならない。

3. 平常時に避難行動要支援者の名簿情報を提供することについて

　まず、災害対策基本法の関係する条文を紹介します。

> （名簿情報の利用及び提供）
> 第49条の11　（1　省略）
> 2　市町村長は、災害の発生に備え、避難支援等の実施に必要な限度で、地域防災計画の定めるところにより、消防機関、都道府県警察、民生委員、市町村社会福祉協議会、自主防災組織その他の避難支援等の実施に携わる関係者（次項において「避難支援等関係者」という。）に対し、名簿情報を提供するものとする。ただし、当該市町村の条例に特別の定めがある場合を除き、名簿情報を提供することについて本人の同意が得られない場合は、この限りでない。

　この条文には次の3つの重要な事項が示されています。

①民生委員は社協等と同様に法で規定する避難支援等関係者である。

②本人の同意が得られない場合、市町村は避難支援等関係者に対して名簿情報を提供できない。

③条例に特別の定めがあれば、本人の同意の有無にかかわらず市町村は避難支援等関係者に対して名簿情報を提供できる。

　この③にあるとおり、条例で特別に定めれば、本人の同意がなくても市町村長は避難支援関係者（そこには民生委員も含まれます）に名簿情報を提供できることになっています（**14** 参照）。

4.　災害時に避難行動要支援者の名簿情報を提供することについて

　まず、災害対策基本法の関係する条文を紹介します。

第49条の11

3　市町村長は、災害が発生し、又は発生するおそれがある場合において、避難行動要支援者の生命又は身体を災害から保護するために特に必要があると認めるときは、避難支援等の実施に必要な限度で、避難支援等関係者その他の者に対し、名簿情報を提供することができる。この場合においては、名簿情報を提供することについて本人の同意を得ることを要しない。

　災害時に本人の安全確保や避難支援のために情報を活用するわけですから当然のことといえますが、市町村長は災害時には本人の同意がなくても避難支援等関係者に名簿情報を提供することができます。

　ただし、実際に災害時に避難支援をするためには、いきなり名簿を見ても有効に活用することは困難です。日頃から生活の様子を知っていたり、信頼関係ができていれば、避難支援等もスムーズにできます。そのこともあり、平常時からの民生委員に対する名簿情報の提供が望まれます。

16

民生委員活動のなかでの個人情報保護の原則

個人情報保護に関して民生委員としての基本原則や、遵守すべき事項について教えてください。

POINT

民生委員は「個人情報の保護に関する法律」(以下「保護法」)でいう個人情報取扱事業者(以下「取扱事業者」)ではありませんが、取扱事業者に課せられている個人情報の取り扱い方法などはそのまま民生委員としての守秘義務を果たすうえで、おおいに参考になります。

答え

1. 法律を理解しつつ、要支援者などとの信頼関係を構築することが基本

個人情報保護では、法律などで定められた取り扱い方法などを守ることが基本です。ただし、要支援者との関係で大切なことは、はじめに法律ありきではなく、要支援者との信頼関係を築き、そのなかで法律を参考にしながら個人情報を保護していくことです。民生委員活動全般に共通しますが、要支援者や地域住民との日常的な信頼関係ができていれば、個人情報保護にかかわる手続きなども円滑に進むと考えられます。

2. 民生委員と守秘義務

民生委員は日頃から地域住民の状況を把握しておく必要があり、また、個別の相談を受ければその相談者や家族の個人情報を保有することになります。そして、それらの個人情報は必要に応じて記録して保管し、場合によっては他の専門機関などと共有することになります。

このように、「民生委員活動は個人情報抜きに進まない」といっても過

言ではありませんが、民生委員が入手する情報の多くは、本人にとっては他人に知られたくない情報です。また、過去には一人暮らし高齢者の名簿やリフォーム詐欺の被害者名簿などがヤミで売買された事件もありました。そのため、個人情報の扱いを誤れば、地域住民に多くの不利益が生じますし、何よりも住民の信頼を失い、民生委員活動に支障が生じます。

このように、個人情報の保護に関して特段の注意が求められる民生委員の特性を踏まえ、民生委員法第15条では、「民生委員はその職務を遂行するにあたっては、個人の人格を尊重し、その身上に関する秘密を守り……」と規定しています。「身上に関する秘密」とは、まさに個人情報のことですが、この条文が民生委員法制定時（1948（昭和23）年）からあったことからも、民生委員にとっていかに守秘義務が大切かがわかります。

3. 個人情報保護法を契機に、守秘義務の具体的内容を整理する

保護法ができたことによって、さまざまな機関で個人情報保護の取り組みが進められています。民生委員自身は取扱事業者ではないとしても、保護法を参考にして、改めて守秘義務を遵守し、個人情報の適切な取り扱いを進める具体策を整理してみることが大切です。

取扱事業者の義務（**8**参照）の多くは、いずれも民生委員としても遵守すべき事項です。原則をいえば、民生委員は、「個人情報は、利用目的を特定したうえで適切な方法で入手し、あらかじめ了解をとっていること以外には利用せず、情報を保有し続ける場合には正確かつ最新の内容で安全に保管する義務があり、訂正や公開の要求には応じる」ということです。

また、一方では、第三者提供や目的外利用の制限の例外になる場合、言い換えれば、本人や公益などのために個人情報を第三者に提供したり目的外使用してもよい場合があることも正しく理解しておき（**10**、**11**参照）、必要なときには躊躇することなく行動できる（第三者への提供や目的外使用をする）ようにしておくことも大切です。

17

個別の相談援助における情報収集、記録、同意確認の方法

> **要支援者の相談に対応する場合の留意点を教えてください。**

POINT

収集や記録する情報は必要最小限にとどめるようにし、個人情報を支援のために関係者間で活用する場合があることに備えて、要支援者からあらかじめ同意を得ておく必要があります。また、想定外の第三者に提供する必要が生じた場合には、改めて本人に了解をとることが原則です。

答え

1. 収集する情報と記録する内容

　個人情報を収集する場合、目的を明確にしたうえで、情報を何に使うか、そのために誰に提供する場合があるかといったことを説明する必要があります（**8**参照）。要支援者と話すと、いろいろなことを聞き、書き留めておきたくなりますが、収集や記録をする情報は必要最小限にとどめるようにしましょう。また、近所の人からの伝聞やうわさ話などをそのまま記録することはやめましょう。記録は、本人から開示請求されれば原則として開示しなければならないということも踏まえ、本人が不信感をもつようなことは書くべきではありません。

2. 要支援者の同意を2段階で得る必要

　要支援者の情報は、援助にかかわる関係者が共有してこそ収集した意味もあるわけですが、まずは、民生委員が個人情報を記録し保有することについて了解を得る必要があります。その際には、民生委員には法律で守秘義務があることや市町村長などの指導を受けていること、個人情報は安全、確実な方法で保管することなどを丁寧に伝えることが重要です。

次に、個人情報を関係者に提供する場合があることについても、本人から同意を得ておく必要があります。その場合、本人の支援のためという目的を明確にしたうえで、提供する相手はどの範囲（誰々）か、提供する情報はどれかということもなるべく明確にしたほうが、要支援者としては安心です。実際には、支援に必要な機関をあらかじめ限定して明示することは困難ですが、「必要なときに、必要な人に提供します」とだけ言われても具体的なイメージが湧かないことから、なるべく「こういうときにこういうことを目的に、こういう機関に対し、こういう情報を提供する場合があります」という説明をしたうえで、さらにそれ以外の機関などもあることを理解してもらい、同意を得るとよいでしょう。

3. 要支援者の同意を得る方法

前記のことについて要支援者本人から同意を得る方法は、一般に、書面と口頭の2通りがあります。書面のほうが確実なことは確かですが、署名や捺印をすることに抵抗があったり、字を書くことが困難な人もいます。そう考えると、実際には、書面への署名や捺印を強制することはせず、次善の方法として口頭で確認する方法でもよいと思われます。その場合、なるべく複数の民生委員で確認する、あるいはその要支援者の家族や信頼している友人などに立ち会ってもらうとよいでしょう。書面で同意を得る方法が絶対条件ということではないので、その点をよく理解し、無理強いして感情を損ねることがないようにしましょう。

4. 目的外の使用や第三者提供には改めて本人の同意を得ることが原則

「個人情報の保護に関する法律」の解説でも出てきましたが、あらかじめ本人の了解を得ていること以外に個人情報を使用する場合には、改めて本人の了解を得ることが原則です。ただし、法に定められている場合や明らかに本人のためになることや緊急な場合で、かつ本人の了解を得ることが困難な場合には、その必要はないと考えられます。

18

記録や書類などを適切に保管する

個人情報にかかわる記録書類などの安全な保管について、気をつけるべき点を教えてください。

POINT

民生委員のちょっとした不注意が原因で、あるいは民生委員に全く不注意がなくても、悪意の第三者によって個人情報が外部に漏れてしまう例があります。日頃から、記録類の安全な保管に十分注意する必要があります。

1. 実際に起きている情報流出の例

・車上荒らしに遭い、介護保険の認定状況などを記載した高齢者名簿が盗まれた。

・敬老祝い金対象者の個人情報が入ったバッグをひったくられた。

・自宅に泥棒が入り、世帯の福祉票・民生委員手帳・活動記録などが入った鞄を盗まれた。

・民児協で声かけ訪問のための高齢者名簿を受け取り、食事や買い物をして帰宅。後日紛失に気がついた（後日、家の中で見つかった）。

・民児協会長が各民生委員から預かった高齢者名簿や一人暮らし高齢者の連絡票が入った鞄を車上荒らしに盗まれた。

　以上の例は、いずれも、民生委員にかかわって実際に起きた事例です。車上荒らし、自宅での盗難、ひったくりなど、いずれも民生委員は犯罪の被害者ではありますが、その被害品のなかに個人情報があれば、その情報の当事者にも不利益が及ぶ可能性があります。例えば、一人暮らし高齢者の名簿などが悪徳業者間で売買されているという話もあります。

2. 記録類の安全な保管

　個人情報を保護するためには、本人の了解を得ずに第三者に情報提供しないということは当然ですが、それと同時に、悪意の第三者による持ち出しなどを防ぐことも大事です。また、現実には盗難被害を100％防ぐ方法はないことから、万が一、盗難などにあった場合に、被害を最小限にするための工夫も必要です。

　それらを含め、福祉票や活動・援助記録、世帯票などの書類に関しては次のような扱いをする必要があります。

①個人情報にかかわる書類は必要な場合以外は絶対に持ち歩かない。必要があって持ち歩く場合は、必要最小限にする。例えば、20人分が1つのファイルになっている場合でそのなかの1人分だけが必要なら、残りの19人分とは別のファイルに綴じてその1人分だけ持ち歩く。

②書類をコピーしない。

③援助が終結した場合、適切な方法で情報を破棄する。

④個人情報などの書類を受け取った場合、できるだけ早く直接自宅に帰る。

　実際には、こういったことが各市町村や民児協単位で決められている場合もあるので、その場合はその内容に従って適切に扱うことが大切です。

3. 家族は民生委員活動においては第三者

　民生委員は個人として委嘱を受けています。したがって、民生委員活動では家族は第三者である点に注意しておきましょう。ただし、災害等の緊急事態が生じたときに、民生委員が自分の家族に手伝いを頼むために、最低限必要な個人情報を伝えることは許容されると考えられます。要するに、何ら必要性がないのに、家族に「○○さんの家はこんな問題がある」といったことは話してはいけないということです。家族だとつい気を許し、「内緒だけど」といえば大丈夫だと思って話してしまうことがないように、くれぐれも気をつけましょう。

19

民児協や研修会などで事例検討をするときの注意と工夫

研修で事例発表することになりました。気をつける点を教えてください。

POINT

事例発表などを行う場合、主催者側、発表者側の双方とも慎重に資料を作成する必要があります。個人情報は本人や家族などの了解をとったうえで、個人が特定されないよう加工する必要があります。また、研修会の報告書を作る場合も注意が必要です。

答え

1. 本人の了解と匿名化が原則

　研修には、全国規模から地区単位のものまで、また、参加者がオープンなものから関係者だけのものまで、さまざまな形態があります が、事例発表する場合には、①本人の了解をとる、②報告の資料では個人が特定されないように、匿名化したり基本情報を加工する、といった原則は共通です。

2. 基本情報を加工して表記する方法

　事例発表する場合、個人名を匿名にすることが大原則ですが、匿名とイニシャルは違うので注意してください。例えば、事例発表の場で、もし「市営住宅に住むKMさん（86歳、男性、一人暮らし）」というような表現をすると、人物が特定される可能性が高く、匿名化したとはいえません。この場合、単純にAさんとし、年齢は、その数字が重要な意味がある場合でなければ、「80歳代」とすればよいでしょう。また、市営住宅も同様に特に重要な意味がなければ、例えば、「賃貸住宅に住む」とすればよいでしょう。つまり、資料では最低限必要な範囲の情報を出

せばよいということです。

　なお、この原則は研修で事例報告をする場合の話です。例えば、現にAさんの生活が危機的状況にあり、その支援策を市役所や地域包括支援センター、生活保護担当者、それに民生委員が加わって検討するといったケース会議（検討会）のような場面では、当然ながら、守秘義務の垣根をはずし、お互いがもっている情報をリアルに出しあう必要があります。

3. 資料に印刷する場合、しない場合、回収する場合

　資料に印刷すると、その情報は文字として永遠に残ります。これに対して話し言葉はその場で消えていきます。もちろん、あとに残らなければ守秘義務は関係ないということではありませんが、1つの工夫として、微妙な場合は資料には印刷せず口頭だけで報告するという方法もあります。また、資料をその場で配付したうえで終了後に回収する方法もあります。

4. 写真を使う場合

　例えば、民生委員が障害者と交流会を開き、そこで楽しげに話している障害者のAさんの様子を、本人の了解をとって資料に載せる、ということは構いません。しかし、その隣に小さく写っているBさんの了解をとっていなかった場合、Bさんからクレームがつく可能性があります。写真を使う場合には、周囲にも特に目配りをする必要があります。

5. 研修会の報告書を作る場合

　研修会の成果を多くの人で共有しようということで、研修会の報告書を作ることがあります。それ自体はよいのですが、そこで、例えば、事例に関する質疑の内容をリアルに書いてしまうと、資料では加工してあっても、個人が特定されてしまう可能性があります。話し言葉はその場で消えますが、印刷物は残るので、その点も十分考えて報告書を作成する必要があります。

20

他の機関などから個人情報の提供を求められた ときの対応

中学校から、ボランティア活動に使いたいので一人暮らし高齢者の名簿を提供してほしいと頼まれました。このような場合、どのように対応すればよいでしょうか。

POINT

収集した個人情報を誰かに提供する際には、その利用目的がよいことか悪いことかで判断するのではなく、そのような機関や団体に個人情報を提供することについて本人が了解しているか否かが判断の基準になります。

答え

1. 個人情報保護法の原則に基づいて考える

「個人情報の保護に関する法律」は、「個人情報はその情報が示す本人のものであり、どう利用するかはすべて本人が決める」という前提に立っています。もちろん例外はありますが、それは本人が意思表示できない場合などに限定されています。つまり、民生委員が第三者から求められて情報提供をするかしないかを判断するときの基準は、「個人情報を提供する相手方がその個人情報をどんなことに使おうとしているか」ではなく、「そのような相手に個人情報を提供することについて本人が了解しているか否か」になります。

2. 目的と提供する情報内容を明確にしたうえで本人から了解を得る

支援に必要な範囲で関係機関に情報提供することについては、あらかじめ要支援者から了解を得ていると思いますが、その提供相手となる関係機関のなかには、通常は中学校などの機関は含まれていないと思います。したがって、中学校や他の機関などに情報提供する場合には、改め

てそのことについて一人暮らし高齢者などの了解を得る必要があります。その場合、中学校がどんな目的でその情報を使うのか、何と何の情報を提供するのかということを明確にする必要があります。例えば、中学生が訪問活動をするということであれば、一般には、氏名、住所という個人情報が該当すると思われます。そして、本人から了解を得ることができ情報提供をする場合には、その特定された情報のみを提供することになります。

なお、**17**で、関係機関に対して情報提供することについて本人の了解を得ておくことについて述べましたが、例えばそのときに、その地域では従来から中学校による訪問活動が行われていてその対象者に該当しそうな人であれば、あらかじめ、そのために中学校に情報提供することがあることについても了解を得ておく方法も考えられます。

3. 提供する相手方に対し、目的外に使用しないように確約をとる

中学校に個人情報を提供することについて本人の了解が得られれば、当然中学校には情報提供してよいわけですが、それは中学校がその提供を受けた個人情報を自由に使ってよいというような、いわば「白紙委任」を受けたということではありません。

つまり、本人は、「○○中学校が△△の目的に使う」ということを了解しただけであって、例えば、○○中学校が他の学校に名簿を提供したり、△△の目的以外に使うことを了解したわけではありません。そのため、民生委員としては、情報提供する際に、安全な保管を求めるとともに、その情報を他の目的に使ったり、第三者に提供しないように確認をとっておく必要がありますし、できればそのことを書面に残しておくことがより確実であり、本人にも安心感を与えることになります。

災害と防災活動の
全体像を理解して
民生委員として活動する

第Ⅲ章を読んでいただくにあたって

※第Ⅲ章は全部で 25 項目ありますが、これを次の 3 節に分けました。

・第 1 節では、民生委員だから必要というよりも、誰もが自分や家族の
ために知っておいたほうがよい防災に関する基本的知識をまとめま
した。

・第 2 節では、民生委員として知っておいたほうがよいこと、特に高齢者
や障害者等の災害時に支援が必要な人に対する支援のあり方や日頃
の取り組みなどを取り上げました。

・第 3 節では、他の地域で災害が起きた場合に支援する方法と、被災した
人が生活を再建するうえで役立つ経済支援の制度などを取り上げま
した。なお、制度については 2020（令和 2）年 7 月 1 日現在の内容です。
改正される場合があるので注意してください。

防災に関する基礎知識と
自分や家族の備え

21 防災と民生委員

22 「災害が起こる」とはどういうことか

23 日本は災害が非常に多いという現実を理解する

24 市町村を中心とした防災に関する行政の役割

25 市町村が作成するハザードマップと防災マップ

26 気象庁が出す防災気象情報

27 市町村が出す避難勧告や避難指示などの情報と必要な行動

28 自分や家族のために日頃から準備しておくこと

29 災害に備えた生活習慣や地域情報の収集

30 災害発生時に適切な行動をするために

防災と民生委員

> 防災の必要性はわかりますが、防災については市町村や消防などの専門機関が担う役割が大きいように思います。民生委員は、どのような立場や視点で防災活動をすればよいのでしょうか。

POINT

防災では、市町村や消防などの行政機関に大きな責任がありますが、一方で、防災の専門家ではない民生委員であっても、担える役割はあります。決して無理をする必要はなく、民生委員の特性を活かして、できる範囲のことをすることが防災活動の基本になります。

答え

1. 民生委員の職務と防災の取り組み

　全国民生委員児童委員連合会（全民児連）は、2007（平成19）年に、民生委員制度創設90周年記念事業全国一斉活動として「民生委員・児童委員発、災害時一人も見逃さない運動」を開始しました。活動にあたって全民児連が発行した「実践の手引」を引用させていただくと、全民児連の会長は「ひとり暮らし高齢者や障害のある方などに対する日頃の訪問活動や見守りネットワークを活かし、いざという時に備えるための取り組みを、全国の法定単位民児協をあげて推進していこうということにいたしました」と挨拶で述べています。その後、防災に関する全民児連の取り組みは変化、発展していますが、この基本的な考え方は現在も有効だと考えられます。

　周知のとおり、日本はさまざまな種類の災害が数多く起こります。災害に対する備えは、誰にとっても重要な課題です。

　そして、万が一、災害が発生すると誰もが被災者になりますが、とり

わけ高齢者や障害者などがより深刻な被害を被ることは、これまでの多くの災害のなかで明らかになっています。

　2017（平成29）年に全民児連では民生委員制度100周年を記念して新スローガン「支え合う　住みよい社会　地域から」を発表しましたが、災害時に誰もが安心できるように取り組むことは「住みよい社会」づくりに不可欠な取り組みです。

2.　防災活動は日頃の活動の一環である

　防災の取り組みは、前述のように、「日頃の訪問活動や見守りネットワークを活かし」た活動であり、防災の取り組みだけを日常の暮らしや活動から切り離して行うものではありません。災害自体は非日常的で特別なことかもしれませんが、それに対する民生委員の取り組みは、日常活動の一環として位置づけることが大切です。

3.　防災活動には「日頃の活動」＋「防災に関する知識」が必要

　日頃の活動で関係機関と連携ができていれば、それだけでも災害時の連携がスムーズにいきます。地域の高齢者や障害者の様子を詳細に知っていれば、それだけで災害時の支援がしやすくなるかもしれません。

　しかし、災害の際に民生委員として期待される役割を果たすためには、それだけではなく、災害に関するさまざまな知識が必要です。例えば、自分の地域ではどんな災害が起こりやすいか、自分や周囲の人たちの被害を最小限にとどめるためにはどうすればいいか、高齢者や障害者等はどのような困難に直面するか、関係機関はどんな役割を果たすのか、被災した人を支援する仕組みにはどんなものがあるのか等々、災害に関する知識があれば支援や対応がよりスムーズになるでしょう。

　災害時に民生委員として役割を果たすためには、日頃の活動とともに、防災に関する知識を身につけることが大切です。

22

「災害が起こる」とはどういうことか

災害は、異常な自然現象によって起こるのだと思いますが、異常な自然現象それ自体は災害ではないと聞きました。これはどういう意味ですか。また災害の発生はどうすれば防ぐことができますか。

POINT

災害は、異常な自然現象が起これば必ず起こるわけではありません。災害の発生の有無や被害の程度は「異常な自然現象がその地域に与えるダメージ」と「その地域の災害に対応する力」とのどちらが強いかで決まります。

答え

1.「異常な自然現象＝災害」ではない

　日本では、台風、地震、集中豪雨、噴火、大雪など（以下「異常な自然現象」）が頻繁に起こりますが、これらの異常な自然現象をそのまま災害と呼んでいるわけではありません。

　例えば、誰もいない山奥で記録的大雨が降り土砂崩れが起きても、それは災害とはいいません。また、多少の高さの津波であれば、堤防によって波が完全に遮られ全く被害が生じないこともあります。このような場合、「大雨が降った」「小さな津波があった」とはいっても、災害とはいいません。被害をもたらさない台風や噴火も同様です。

　つまり、災害とは、その現象によって人や財産に被害が生じたり、生活に支障が出たときに使う言葉です。それらがなければ災害とは呼びません。

2.「異常な自然現象の破壊力」対「対抗する力」で災害の有無が決まる

　改めて整理すると、災害とは、異常な自然現象により人々の生活にかかわって何らかの被害が生じる状況をいいます。つまり、次に示すように、「異常な自然現象の破壊力が、それに対抗する力を上回ったとき」

に災害が起こるわけです。

> 異常な自然現象の破壊力 ＞ 対抗する力

　人間は異常な自然現象の発生を防ぐことはできません。したがって、異常な自然現象はいつ、どこでも起こるという前提に立ち、なるべく被害を生じさせない、または最小限にとどめる取り組みが重要になります。その取り組みの総和が災害に対抗する力ということになります。

3. 対抗する力①　ハード面（建物や設備による備え）

　例えば、建物をすべて耐震化し、巨大な堤防やダムをあらゆるところに造り、すべての傾斜地を固め、避難所を各地につくり、ライフライン強化の工事を行う、といったことを徹底して行えば、被害はかなりの程度防げるでしょう。しかし、実際にそのようなことは不可能ですし、また、防災のためにハード面の整備ばかり追求すると、自然破壊や生態系への悪影響、景観を損ねるなど、別な問題も起こります。さらに、それで安心してしまい、避難が遅れることもあります。

4. 対抗する力②　ソフト面（人による備え）

　ソフト面では、防災意識の向上、災害時に備えた備蓄、避難路の確認や避難訓練の実施、避難情報伝達システムの確立、避難誘導体制の整備、避難所立ち上げ訓練、防災ボランティア養成などを熱心に進めれば、被害をある程度防ぐことができるでしょう。同時にこれらのいずれでも高齢者や障害者などの特に支援が必要な人への配慮が欠かせません。

　このように、異常な自然現象がそのまま災害になるわけではなく、ハード面、ソフト面の備えによって発生の有無や被害の程度が変わります。地域の地理的、自然的条件を的確に把握し、ハード、ソフト両面で、異常な自然現象に対抗する力を高める取り組みが必要とされています。

23

日本は災害が非常に多いという現実を理解する

> 日本は「災害大国」といわれるほど災害が多いと聞きましたが、本当でしょうか。また、発生する災害の特徴のようなものはありますか。

POINT 日本では、異常な自然現象が頻繁に発生するとともに、それらが災害となって被害をもたらす地理的、地形的な要因が多く重なって存在します。

1. 災害には自然災害と人為的災害（事故）がある

　22で述べたように、人間生活に被害が生じることを災害といいますが、我が国の災害対策の基本である災害対策基本法では、「災害」を次のとおり定義しています。

> 「暴風、竜巻、豪雨、豪雪、洪水、崖崩れ、土石流、高潮、地震、津波、噴火、地滑りその他の異常な自然現象又は大規模な火事若しくは爆発その他その及ぼす被害の程度においてこれらに類する政令で定める原因により生ずる被害をいう。」（第2条第1号）

　この定義によると、災害には自然災害と人為的災害の2種類があります。現代は、自然災害だけでなく、人為的に起こる災害（大規模な火災や爆発、有毒ガスの流出、原子力発電所の事故など）によっても大きな被害が生じることがあります。人為的な災害の原因はともかく、一度大きな事故が起これば、住民の避難の必要性や影響が広域になることなど、影響の大きさは自然災害と同じです。

　なお、本書では、自然災害を中心に対応策などを取り上げます。

2. 日本は異常な自然現象が起こる地理的・地形的条件が重なっている

日本は、地理面・地形面・地質面・気象面のどの側面においても、前述のようなさまざまな異常な自然現象が起きやすい環境にあります。東日本大震災は単独の災害としては桁違いに大きな被害をもたらしましたが、それを除いても、例えば、2009（平成21）年から2018（平成30）年の間に、マグニチュード6以上の地震は世界中で計1510回観測されており、そのうち263回（17.4％）は日本および周辺で起きています。日本の国土面積が世界の0.25％に過ぎないことを考えれば、日本の地震の多さがわかります。

そして、大地震が起これば津波が発生することは、東日本大震災で改めて知らされました。日本は四方を海に囲まれ、入り組んだ海岸線によって景観が生まれ、観光資源にもなりますが、一方ではその地形の特徴から、いつでも津波の危険性にさらされているといえます。また、世界には1432の活火山がありますが、そのうちの7.8％（111）の活火山が日本にあります。

異常な自然現象のうち、豪雪、高潮、津波、噴火などはある程度発生地域が限定されますが、例えば、仕事先や旅行先で遭うことを考えれば、誰もがあらゆる異常な自然現象に遭遇すると考えておくことが大切です。

3. 人口密度の高さも被害の発生に関係している

22 で述べたように、異常な自然現象が起きてもそこに人がいなければ災害は起きません。しかし我が国では、崖の上や下、川や海のそば、火山の近く、豪雪地帯など、あらゆる所に人が住んでいます。また、都市部では、大規模地下街や高層ビルのなかに多くの人がいます。

このような現実の姿は、異常な自然現象が起きたときの災害発生のリスクを高めています。この現実を直視したうえで、災害に対する取り組みを考える必要があります。

24

市町村を中心とした防災に関する行政の役割

住民を災害から守るために行政はどのような役割をもっているので
しょうか。また、民生委員活動にはどのような関係がありますか。

POINT

災害時に住民を守るための役割は主に市町村が担い、そのため
の基盤整備や調整、必要に応じて、市町村に代わって業務を行
うことなどが国と都道府県の主な役割です。市町村が行う業務
は多岐にわたりますが、そのなかには、民生委員の協力が期待
される業務もあります。そのためにも、市町村の業務内容の概
要を知っておくとよいでしょう。

答え

1. 行政の基本的役割は災害対策基本法で定められている

（1）災害対策基本法の制定

　1959（昭和 34）年の伊勢湾台風は戦後日本に最大級の被害をもたらし
ました。それまでにも災害対策に関する法律はありましたが、災害発生
の都度、別々に制定されていたために、総合的な対策を講じる法律はあ
りませんでした。そこで、総合的、計画的に一貫性をもって防災対策を
進める法律の必要性が高まり、1961（昭和 36）年に我が国の災害対策の
基本となる災害対策基本法が制定されました。

　同法は、国、都道府県、市町村に加え、指定公共機関（日本銀行、日
本赤十字社、NHK、公共交通事業者、ライフライン事業者等災害時に重
要な役割をもつ組織や企業等）や住民等の役割を定めています。

（2）災害対策の基本理念

　災害対策基本法第 2 条の 2 に示されている災害対策の 6 つの基本理念

の一番目には次のような災害対策の基本理念が示されています。

> 一　我が国の自然的特性に鑑み、人口、産業その他の社会経済情勢の変化を踏まえ、災害の発生を常に想定するとともに、災害が発生した場合における被害の最小化及びその迅速な回復を図ること。

(3) 国、都道府県、市町村が共通して行う防災上の配慮

災害対策基本法第8条は、行政のすべての施策のなかでの「国土並びに国民の生命、身体及び財産の災害をなくす」ための配慮を求めています。

2. 防災にかかわる国の業務（主なもの）

災害対策基本法第3条は、国の責務として、「国土並びに国民の生命、身体及び財産を災害から保護する使命を有することに鑑み、組織及び機能の全てを挙げて防災に関し万全の措置を講ずる責務を有する。」と定めています。

そのうえで、次のような業務を行います。

平常時	・防災のための各種法制度の整備や予算措置等をする。 ・中央防災会議を設けて国の防災の長期計画である防災基本計画を策定し、指定公共機関が作成する防災計画や地方自治体が策定する地域防災計画の重点事項等の指針を示す。 ・毎年、国会に対して防災に関して行った内容を報告する。
災害時	・都道府県等に対し異常な気象等に関する情報を提供する。 ・非常（または「緊急」）災害対策本部を設置する。 ・地方自治体の災害復旧などの費用に対する財政支援を行う。 ・都道府県相互の支援に関する調整をする。 ・「激甚災害」「特定非常災害」「特定大規模災害」の指定をする。 ・（上記指定に応じ）財政支援の加算、行政手続きの延長等を行う。 ・海外からの支援の受け入れを調整する。 ・税金（国税）の減免・猶予等の特別措置をする。

3. 防災にかかわる都道府県の業務（主なもの）

平常時	・都道府県防災会議を設置して防災計画を策定する。 ・市町村が行う防災の取り組みの支援や調整を行う。 ・災害時の臨時支出に備えて災害対策基金を積み立てる。
災害時	・市町村に対し異常な気象等に関する情報を提供する。 ・災害対策本部を設置する。 ・(他市町村への応援要請を含め)市町村を支援する。 ・市町村長の要請に応じまたは独自判断で自衛隊に出動要請をする。 ・市町村長が自ら避難勧告や避難指示の発出、警戒区域の設定等をできない場合に市町村長に代わってこれらの業務を行う。 ・災害救助法の適用を判断する(市町村の区域ごと)。 ・国に対して災害発生市町村の支援のための応援を要請する。 ・指定地方公共機関(公共交通事業者やライフライン事業者等)に応援を要請する。 ・仮設住宅の提供や見なし仮設住宅に対し補助をする。

4. 防災にかかわる市町村の業務と民生委員との関係

(1) 市町村の業務内容

市町村は、基礎的な地方自治体として防災対策の実施責任が課せられており、次のようなさまざまな業務（下記は主なもの）を行います。

平常時	・市町村防災会議を設置して市町村防災計画を策定する。 ・防災訓練を実施したり、必要な物資や機材を備蓄する。 ・ハザードマップや防災マップ等を作成し公表する。 ・避難行動要支援者名簿および個別避難支援計画を作成する。 ・緊急避難場所や避難所、福祉避難所を指定する。 ・自主防災組織の事業や住民による防災の取り組みを支援する。 ・災害時の臨時支出に備えて災害対策基金を積み立てる。

災害時	・応急救援をする。 ・避難勧告や避難指示などを出す。 ・警戒区域を設定し、関係者以外の立ち入りを制限する。 ・都道府県知事や他の市町村長に対し応援要請をする。 ・都道府県知事に対し自衛隊の出動要請を行う。 ・避難所や福祉避難所を開設し運営をする。 ・罹災証明書を交付したり罹災者台帳を作成する。 ・ボランティアや災害ボランティアセンターの運営を支援する。 ・災害弔慰金、災害障害見舞金、生活再建支援金を給付する。 ・災害援護資金の融資をする。

(2) 防災にかかわる市町村の業務と民生委員に期待される役割

　上記のとおり、防災にかかわる市町村の業務は多岐にわたりますが、例えば、民生委員が被災者に給付される見舞金制度の内容を知っていれば住民にすぐに紹介でき、申請のお手伝いもできます。これは市町村の担当者にとって説明のために費やす時間を削減でき、その時間を他の業務にあてられることになり大変助かります。同時に、このような知識は民生委員自身にも役立つこともあるでしょう。被災者支援制度の紹介（**42**、**43**、**44**、**45** 参照）も参考にして、概要を理解しておくとよいでしょう。

　また、例えば、「防災訓練への参加」のように、住民の一人としての積極的な参加が期待されることもあります。

　さらに、設置主体は市町村（自治体）ではなく、一般に地元の市町村社会福祉協議会になりますが、災害ボランティアセンターが設置され、地元の地理に不案内なボランティアが活動する場合は、民生委員による場所の案内なども役立ちます。

25

市町村が作成するハザードマップと防災マップ

> 災害にかかわって策定されるハザードマップとはどのようなものですか。どのように活用すればよいのでしょうか。

POINT

災害に関してさまざまな「マップ」が作成されていますが、それらの名称は法律で規定されてはいません。そのため、同じ名称のマップでも、地域によって内容が異なる場合があります。ハザードマップは「被害が想定される地域の地図」（災害予測図）ですが、時には「想定を超えることが起こる」ことも踏まえたうえで有効に活用するとよいでしょう。

答え

1. 被害が想定される「区域図」の作成

　例えば、水防法第14条は、河川の氾濫によって被害が想定される「洪水浸水想定区域」を指定し、それを「洪水浸水想定区域図」として公表することを定めています。また、土砂災害防止法[※]第8条第3項は、急傾斜地などで崩壊によって住民に被害が起こるおそれがある区域を「土砂災害警戒区域」として指定し、地図に表すこととしています。

　このように、災害に関連する法律には、防災対策に不可欠な被害予測を地図に表すことを規定しているものがありますが、通常、それによってできる地図をそのままハザードマップとは呼びません。

2. 「ハザードマップ」は、区域図＋避難関連情報などで構成される

　市町村が災害に関して作成するマップが、一般にハザードマップと呼ばれています。ハザードマップとは、前述の「区域図」に、災害情報の伝達方法や避難所の位置や避難経路などを書き加えた地図をいいます。

実際には、自然災害の種類に応じて被害想定区域や程度、避難方法などが異なるため、ハザードマップは市町村に１つではなく、想定災害ごとに作成されます。国土交通省のホームページでも、洪水、内水、高潮、津波、土砂災害、火山の各分野に分けてハザードマップを紹介しています。

また、国土交通省のホームページには、地震防災危険度マップがあり、そこには、震度、地盤、建物、火災の各被害マップがあります。つまり、地震の場合は具体的被害が単一ではないことから、予測される被害の場所と程度を分けて被害マップを作成することになります。

3. マップのさまざまな名称

以上のような内容の地図を、ハザードマップではなく、災害地図、被害予測地図など各市町村で別の名称をつけている場合もあります。

また、防災マップという言葉がありますが、これは上記のハザードマップをそのように呼んでいる場合もあれば、災害の種類を特定せず、市町村独自に避難場所や避難経路、その経路上の危険箇所や公的機関などを表した地図をいう場合もあります。

4. 民生委員として

地元の市町村が作成しているマップの種類と内容を知り、地震や洪水などが起きた場合、地域の環境がどのように変化するかを具体的にイメージすることが大切です。そのうえで、「想定外のこと」も頭に置きながら、避難行動要支援者の避難支援などを考えるとよいでしょう。

東日本大震災では大規模な津波で多くの犠牲者が出ましたが、ハザードマップ上では津波被害の想定区域外でも犠牲者が出ています。ハザードマップが役立つことは確かですが、ハザードマップで対象外になっているから安心とは限らない、ということも意識しておく必要があります。

※正式名称は、土砂災害警戒区域等における土砂災害防止対策の推進に関する法律

26

気象庁が出す防災気象情報

異常な気象が予測されるときに出される気象情報にはどのようなものがありますか。民生委員はどの程度知っておく必要がありますか。

POINT

気象庁が出す防災気象情報は雨量や潮位など自然現象別にあり、緊急性や重大性に応じて何段階かに分かれています。情報の区分や説明がわかりにくいという指摘もあり改善が重ねられていますが、民生委員としては情報の種類とその内容を知っておき、自分や周囲の人の避難など適切な行動につなげられるとよいでしょう。市町村から避難に関する情報（**27** 参照）が出ていなくても、これらの防災気象情報を手がかりにして避難等の行動をとったほうがよい場合もあります。

答え

1. 気象庁が出す防災気象情報

　天気予報を見ていると、○○注意報や○○警報といった言葉を耳にすることがあります。また、台風が接近している場合などには特別な注意喚起のための情報が出されることもあります。気象庁が出すこれらの防災気象情報にはさまざまなものがあります（次ページの表参照）。

2. 防災気象情報と連動した「警戒レベル」

　2018（平成 30）年の西日本豪雨で避難勧告や避難指示が出ても逃げずに犠牲になった人がいたことから、2019（令和元）年 5 月から、国は適切な避難行動につなげるために防災気象情報に 5 段階の警戒レベルを付記して出すことにしました。

　2019（令和元）年の台風 19 号の際にもこの警戒レベルが気象庁から

の情報発表の際に使われました。しかし、警戒レベルと防災気象情報と市町村が出す避難勧告や避難指示という3つの組み合わせになりわかりにくかったことや、避難勧告も避難指示も同じレベル4で違いがわからなかったことなど、改善を求める声が少なからず出ました。そのため、国はこれらの仕組みを改善するための検討を進めています。

なお、下記の表では、現時点（2020年7月時点）での防災気象情報を紹介します。

<防災気象情報(主なもの)>

※	防災気象情報の種類	住民がとるべき行動
1	早期注意情報	最新の気象情報等を確認し心構えをする。
2	大雨注意報 洪水注意報 高潮注意報	ハザードマップ等により災害が想定されている場所や避難先、避難経路等を確認しておき、念のため次の行動に備えておく。
3	大雨警報 洪水警報 高潮注意報 氾濫警戒情報	災害が想定されている区域では、自治体からの「避難準備・高齢者等避難開始」の発令に注意し、危険度分布や河川水位情報なども参考に高齢者等は自らの判断で避難する。
4	土砂災害警戒情報 高潮特別警報 高潮警報 氾濫危険情報	災害が想定されている区域では、自治体からの避難勧告や避難指示の発令に注意し、発令されていない場合でも危険度分布や河川水位情報なども参考に自らの判断で全員が避難する。
5	大雨特別警報 氾濫発生情報	何らかの災害がすでに発生している状況であり、全員が命を守る行動をとる必要がある。

※警戒レベルの段階(レベル5が重大性、緊急性が一番高い)

3. 防災気象情報の内容や関連する情報（一部）

ここでは前ページの表のなかの一部の情報や、これらの情報を補足するために出される情報について説明します。

(1) 河川の氾濫に関する情報

これは気象庁が国土交通省や都道府県と連携して出す情報です。大雨による洪水などで大きな被害を起こす可能性のある河川をあらかじめ指定して常時監視し、大雨などの際には水位や流量などの変化を踏まえて、氾濫注意情報、氾濫警戒情報、氾濫危険情報、氾濫発生情報のいずれかを出します。

(2) 危険度分布図

例えば、大雨警報が出ていても、そのなかの地域ごとに浸水の起きやすさは違います。そこで大雨警報や洪水警報に合わせ、地域ごとの危険度を伝える危険度分布図を次のとおり色分けして示すことがあります。

・黄色は「注意」を意味し、警戒レベル2に相当します。

・赤色は「警戒」を意味し、警戒レベル3に相当します。

・薄紫色は「相当な危険」を意味し、警戒レベル4に相当します。

(3) 記録的短時間大雨情報

この情報は、大雨警報が発表されている地域のなかのさらに特定地域で数年に一度程度しかないような短時間の大雨が予測されるときに発表されます。これが出た地域は、土砂災害や浸水害、河川の洪水発生等の可能性が非常に高くなっているということです。

(4) 特別警報

気象庁は、通常、重大な災害の起こるおそれがあるときに警報を発表して警戒を呼びかけますが、警報の発表基準をはるかに超える大雨や大津波等が予想される場合に特別警報を発表して最大級の警戒を呼びかけます。これは「数十年に一度のこれまでに経験したことのないような重

大な危険」と表現されています。ただし、これが度々出されると、切迫性や重大性が伝わらなくなるのではないかという危惧があります。

(5) 雷注意報と竜巻注意情報

　表にはありませんが、雷注意報も身近な情報です。また、この雷注意報を補足するため、竜巻やダウンバーストなどの突風が起こりそうなときに特に注意を呼びかけるために出される竜巻注意情報もあります。

(6) 気象庁が出す気象情報

　表にはありませんが、気象庁が出す気象情報も重要な情報です。気象庁が警報や注意報を出すことは前述のとおりですが、それらの前に特に注意や警戒を早めに呼びかけたり、警報や注意報を発表中の現象の現在の状況や今後の予想、防災上の留意点等を解説するために出すのが気象情報です。

　つまり、気象情報は情報全般を意味する言葉ではなく、特別な目的をもって発表する情報のことを意味しています。ニュースなどで「気象庁は、○○に関する気象情報を出して警戒を呼びかけています」という言葉を聞いたら、よく内容を把握することが大切です。

4. 防災気象情報と民生委員活動

　防災気象情報は細分化され、解説を読まないと理解できないものもあります。民生委員がこれらのすべてを理解する必要はありませんが、避難準備や判断のためにある程度の意味を知っておくと役立ちます。

　例えば、「3日後に大型台風が来て天気が大荒れになる可能性がある」という早期注意情報が出されれば、民生委員はあらかじめ避難行動要支援者と打ち合わせたり、避難準備の確認などができます。また、大雨などの異常な自然現象が起きているときに、何らかの理由で市町村が避難勧告や避難指示を出さない(出せない)場合があります。このようなとき、防災気象情報が避難する際の目安として参考になることもあります。

27

市町村が出す避難勧告や避難指示などの
情報と必要な行動

災害時に市町村が住民に対して発出する避難に関する情報には、どのような種類がありますか。それぞれどんなときに出されますか。自分はどんな行動をとればよいのでしょうか。

POINT

災害時に市町村が出す情報には緊急性や必要性に応じて段階があります。それぞれの内容を知っておき、いざというときに適切な行動につなげられるとよいでしょう。なお、避難とは「難を避けること」であって、必ずしも「避難所に行く」というような特定の行動だけをいうわけではありません。避難情報を入手したら、実際にどうすればいいのか、日頃からいろいろな状況を想定して考えておくことが大切です。

1. 市町村長が出す避難に関する3つの情報

災害時に市町村長が出す避難に関する主な情報は次の3つです。

	情　　報	根　　拠	内容(とるべき行動)
低 ↑ 危 険 度	避難準備・高齢者等避難開始	「避難勧告等に関するガイドライン」(内閣府)	災害が発生するおそれがあるので、高齢者や障害者や乳幼児など避難に時間を要する人は避難を開始し、それ以外の人も情報に注意し避難の準備を始める。
	避難勧告	災害対策基本法第60条	災害発生の可能性が高まっているので、速やかに避難所等に避難する。

| 避難指示 | 災害対策基本法第60条 | 災害発生の可能性が非常に高く、またはどこかで発生している可能性があるので、避難所または安全な場所に至急避難する。 |

↓
高

2. 災害対策基本法にある避難勧告と避難指示の規定

　災害対策基本法第60条には、市町村長が、災害発生のおそれがある場合、「必要と認める地域の居住者等に対し、避難のための立退きを勧告し、及び急を要すると認めるときは、これらの者に対し、避難のための立退きを指示することができる」という規定があり、この規定に基づいて避難勧告や避難指示が出されます。なお、市町村長が出せない場合には、都道府県知事が代わって出すことになります。

3. 避難準備・高齢者等避難開始

　避難勧告や避難指示に加え、「避難準備・高齢者等避難開始」という情報があります。これは高齢者等の早めの避難を促すために2005（平成17）年に内閣府のガイドラインによって制定されました。当初は「避難準備情報」でしたが、準備という言葉が避難行動に直接結びつかなかったことから、2016（平成28）年に現在の「避難準備・高齢者等避難開始」になりました。

4. 情報を入手する方法と伝達する方法

　市町村の立場では「情報を伝達」し、住民の立場では「情報を入手」するわけですが、それらには次のような方法があります。

　テレビやラジオは一般的ですし、最近は市町村のホームページも加わりました。これらの活用はそれほど困難ではありませんが、住民自身がスイッチを入れて見たり聞いたりしなければ役立ちません。なお、緊急時には自動的に電源が入り、音声などが流れるものもあります。

一方、すべての住民に情報が届くようにするために、防災無線、市町村や消防の広報車を使う方法があります。また、利用者は限られますが（登録者に）FAX や一斉メールを出す、SNS を活用する方法もあります。なお、視覚や聴力に障害があるとこれらの方法だけでは情報の入手が困難ですが、その対応については **34** で解説します。

5. 情報をもとに適切な行動をとる必要

　「避難」とは「難を避けること」です。避難勧告や避難指示が出た場合、「避難所に行くことがいつでも最善」とは限りません。状況によってはむしろ危険が増すことがあります。例えば、夜間、すでに風雨が強く浸水が始まっている場合に避難所に向かうと、途中の川が増水していて足をとられるかもしれません。下水の中の水があふれてマンホールのふたがはずれる可能性もあり、暗ければその穴に落ちるかもしれません。

　その他いろいろな危険を考えると、「避難所に行かない避難」をしたほうが適切な場合があります。例えば、自宅の 2 階や、マンションやアパートの上の階の知人の部屋に身を寄せる「垂直避難」、近所の知人や親戚宅への縁故避難なども考えられます。土砂災害の可能性がある場合には、山側と反対側の部屋にいることも大切です。自家用車を安全な場所まで移動して、しばらくその中で過ごすことも考えられます。いずれにしても、できるだけ早く情報を入手し、かつ周囲の状況を把握しておくことが適切な避難行動につながります。

28

自分や家族のために日頃から準備しておくこと

> 災害に備え、自分や家族のために日頃からどのようなものを備えておいたり安全の確保をしておけばよいでしょうか。

POINT

災害時や避難時に自分や家族の安全を確保するためには、一定量の食料や消耗品、生活用品などの準備、家の内外を整備しておくことが必要です。災害が発生したときに民生委員として役割を果たすためには、何よりも「自分や家族の安全や安心がある程度確保できていること」、言い換えれば、「自分の足元がしっかりしていること」が重要です。そのために、ここで紹介されている基本的事項はぜひ実践してください。また、この知識は近所の人たちや避難行動要支援者などにアドバイスをしたり、一緒に点検をするときなどにも役立ちます。

答え

1. 食料等の備蓄

(1) 飲み物

　一般に、最低3日分の備蓄が必要といわれますが、できれば1週間分程度あるとよいでしょう。もし断水期間が長くなった場合、通常は給水車やペットボトル配布による支援が行われますが、その場合、遠方まで行き長時間並ぶことも少なくありません。そのことを考えれば、日頃から多めにストックするほうが合理的ですし、特に高齢者や障害者などには必須です。また、水以外では、野菜ジュースは保存期間が長く、災害時に不足しがちなビタミンやミネラルの補給に役立ち有効です。

(2) 食料

　非常食といえば、昔はカンパンくらいしかなく、味気ないもの、まず

67

いもの、と思われていましたが、今は非常にたくさんの種類が出ています。食品会社等のホームページでさまざまな商品が紹介されています。

　それぞれの好みで選べばいいわけですが、私のおすすめはレトルトのおかゆです。日本人の主食であるお米が使われていますし、一緒に水分も摂れます。胃や腸が弱っているときでもおかゆはおなかに優しいので安心です。また、疲れると甘いものが欲しくなりますが、子どもも食べやすく彩りもあることからドライフルーツもおすすめです。

　食料の備蓄に関しては、「久しぶりに日付を確認したら消費期限がかなり過ぎていた」ということがよくあるので、何らかのイベントに関連づけて定期的に点検することをおすすめします。

(3)　ローリングストック法での備蓄

　災害に備えた食料準備の方法として最近推奨されているのが、ローリングストック法です。これは最初に、ある程度日持ちする食料品を一定量多めに購入し、余分がある状態にします。その後は定期的に同じものを購入し、そのときに以前からあるものを消費するという方法です。これによって、絶えず一定量の余裕がある状態にしておくわけです。なお、この方法を「食料の日常備蓄法」と呼んでいる場合もあります。

2. 消耗品や生活用品等の準備

　ティッシュペーパー、ウエットティッシュ、ラップ、アルミホイル、使い捨てカイロ、マスク、新聞紙など通常家にあるものをいつも多めにストックしておくと災害時に役立つことがありますが、ここではそれら以外に、別途用意しておいたほうがよいものを紹介します。

・プラスチック製のスプーンや皿や割り箸

・缶切りやナイフ(さまざまな機能がついた万能型・多用途型が便利)

・カセットコンロとガスボンベ(高火力型のものもある)

・ライター等の点火・着火道具

・ポリタンク(ビニール製で水を入れるとタンク形になるものもある)

・ヘルメット(折りたたみ式のものやカラフルなものも出ている)

・軍手(絶縁タイプのものもあるとよい)

・使い捨ての手袋(ビニール製など)

・太陽光や手回しで充電できる携帯ラジオやライトやランタン

・懐中電灯やヘッドライト(両手が使える)と電池

・笛(助けを呼ぶ場合に声を出すより有効)

・のこぎり、ジャッキ、バール(下敷きや挟まれた人の救出に使う)

・エアーマット、寝袋(避難所で寝るときに役立つ)

・カートや台車(水や土嚢等の重いものを運ぶときに便利)

・土嚢袋、ブルーシート

・一輪車やリヤカー (車が使えないときや場所で威力を発揮する)

---

3. 家の中の安全確保

　家の中の防災対策は、地震を意識した対策が中心になります。その場合、「ものは上から下に落ち、不安定で背の高いものは倒れ、ガラスや瀬戸物は割れる」という当たり前の視点から部屋を点検してください。

また、実際に横になって寝ている状態で部屋を見回し、「今、大地震が起きたら」と想像し危険な箇所を見つけ対策をしてください。

　いろいろ気づくと思いますが、概ね次のようなことは共通しています。

・家具や荷物を出口に通じる通路や玄関に置かない
・タンスなどを固定する（突っ張り棒や転倒防止粘着シート等を使う）
・薄型大画面テレビは粘着シート等で固定し、高い所に置かない
・食器棚には食器の飛び出し防止のためのストッパーをつける
・棚の上の電子レンジ、炊飯器等を粘着テープで固定する
・高い所にものを置かない、重いものは下に置く（本棚、戸棚等）
・ガラス窓に飛散防止フィルムを貼る
・地震の揺れを感知すると自動で点灯する足下灯をつけておく

4. 家の外回りの点検

　台風などが迫っているときに慌てて外に出て点検するのは危険です。日頃から次のようなことを意識して定期的に点検しておけば安心です。

・側溝にゴミや落葉や砂などがつまっていれば取り除く
・雨どいにゴミや落葉や鳥の巣などがつまっていれば取り除く
・テレビアンテナがぐらぐらしているようなら固定する
・壁や塀などにひびが入っていれば補修する
・屋根瓦やガレージのトタンなどにひびやはがれがあれば補修する

　上記のなかで高所での作業を伴うものは危険なのでプロに頼んだほうがいいでしょう。また、台風の接近や竜巻が予想される場合には、植木鉢や物干し竿を室内に入れたり、物干し台をあらかじめ倒しておく、自転車などは固定しておく等の対策が必要です。

29

災害に備えた生活習慣や地域情報の収集

> 防災のために日頃から生活のなかで習慣にしておいたり、調べたりしておいたほうがよいことがあれば教えてください。

POINT　日頃から防災を意識した生活習慣を身につけておくと、万が一、災害が起きた場合でも慌てずに済みます。また、災害時に役立つ地域の情報を知っていることも有効です。以下の記述を参考に、日頃から準備しておくとよいでしょう。

1. 日頃から生活習慣にしておく

　日頃から次のようなことを習慣化しておけば災害時に役立ちます。

- ・車のガソリンがある程度減ったらこまめに給油する
- ・スマートフォンや携帯電話の充電をこまめにする
- ・お風呂の水はすぐに抜かずにためておく
- ・医師から処方された薬とお薬手帳を持ち歩く
- ・一定の現金(10円硬貨含む)を必ず持ち歩く
- ・古新聞やスーパーのポリ袋などはいつもある程度取っておく　等

---

2. 防災の観点から近所の様子を知っておく

(1) ハザードマップなどを活用して我が家のリスクを知っておく

　25 で解説したように、自分の地域の危険性はハザードマップや防災マップ等の公的資料である程度把握することができます。これまでの大雨の浸水被害地域は、多くの場合にハザードマップの被害想定区域と一

致しています。時には違う場合もありますが、まずはハザードマップなどで自分の住む場所のリスクを知ることが大切です。

(2) 避難所の場所や道順、途中の様子を知っておく

次の**30**で解説するように、避難指示等が出た場合に、避難所に避難するかどうかを判断するためには、避難所の場所や様子、避難所までの道順が頭に入っていることが大切です。例えば、「途中の川があふれている可能性がある」「崖が崩れている可能性がある」といったことがすぐに想像できれば、「避難所に行かず家にいる」という選択や、避難する場合も「遠回りでも安全な道を選ぶ」という判断ができます。

(3) 地形や高低差などを知っておく

一定の地域単位ではハザードマップがありますが、さらに身近な所の地形の特徴を知っておくと災害時に役立つことがあります。

以下は私が実際に体験したことです。

ある日、車で走行中、大雨に遭遇しました。

ラジオが「1時間100ミリを超える猛烈な雨が降り、記録的短時間大雨情報が出ています」と伝えている、まさにその場所を車で走っていたのです。

その道はよく通る道なので「1キロくらい先の交差点は位置が低く、周囲の道路から流れてきた水がたまる可能性がある」ということを、知っていました（以前のやや強い雨のときに経験したので）。

そこで、私は直進せずに右折し、道路右側にあった大きなショッピングセンターの立体駐車場に入り、2階に車を停めました。

さっき走っていた道の先の交差点の方角を見ると消防のレスキュー部隊が走っていき、その交差点近くで停まりました。後から聞いた話では、数十センチ水没した車から運転手を救出し、車が動かなくなったので移動させたとのことでした。その動けなくなった車は、たぶん

私の数台前を走っていた車だと思います。幸い人的被害はありません
でしたが、車はおそらく廃車（修理不能）になったと思います。
　私も直進していたら同じことになっていた可能性がありました。

　多くの道路にはちょっとした高低差があります。市街地等で水はけが
悪く雨量に排水が追いつかないと短時間で水がたまります。人は溺れな
くても、車は動かなくなり使えなくなります。
　また、水が一気にたまったアンダーパスに入り、エンジンが停止し、
動けなくなった車の中に閉じ込められ（水圧でドアが開かなくなります）
水死したという例もあります。
　少しの地形や道路の構造の違いが危険性を左右することがあるので、
自分が日頃通る道路や、周囲の地形等を最悪の自然条件を想定して想像
してみることも大切です。

3. 災害時に役立つ近所の施設や設備を知っておく

(1) 公衆電話の設置場所

　公衆電話は災害時には次のようなありがたい存在になります。

・周囲が停電していても硬貨で使える（テレホンカードは不可）
・災害時には無料で使えるようになることがある
　（2018年9月北海道胆振東部地震、2019年9月千葉での長期停電時等）
・携帯電話と違い通信規制の対象外なので、つながりにくくならない

　最近公衆電話が減っていますが、概ね市街地であれば500メートル四
方に1台は設置されています。近くの公衆電話はNTTのホームページ
で検索できます。なお、最近の子どもたちは公衆電話を使った経験がな
いので、実際に使ってみる体験をしておくとよいでしょう。

(2) 災害対応型自動販売機の場所

　飲み物の自動販売機のなかには、大手飲料メーカーのものを中心に、災害時に無料で使えるようになるものが全体の4%程度あります。使い方はメーカーによって異なりますが、該当する販売機には見えやすい場所に標示があります。災害が起きた場合に無料に切り替える判断は、通常は設置者が行います。いたずら防止などのため、多くは市役所や駅など人目につきやすい場所に設置されています。

(3) ガソリンスタンドの場所

　自家発電機能を有し停電でも給油可能なガソリンスタンドの「住民拠点サービスステーション」が整備されつつあります。2020（令和2）年3月末で全国で約7000か所あるので、概ね4か所に1か所程度が該当しています。該当するガソリンスタンドがどこにあるかは経済産業省のホームページ等で確認できます。

(4) コンビニエンスストア（コンビニ）の場所

　主に帰宅困難者を支援する仕組みとして、大手コンビニチェーンの多くが参加している「災害時帰宅支援ステーション」（該当店舗にはステッカーの標示あり）があります。この店舗では、災害時には買い物の有無にかかわらずトイレを借りられたり、水やお湯の（無料）提供、わかる範囲での情報提供などが行われます。

30

災害発生時に適切な行動をするために

災害時に適切に行動するためにはどんなことが大事ですか。また、日頃から心がけておいたほうがよいことがあれば教えてください。

POINT　最初に、「人はそもそも異常な自然現象に遭遇したときに、安全、大丈夫と考えがちだ。でも、それは危険だ」ということを頭に入れておいてください。そのうえで、状況に応じてとるべき行動は異なるので、文献やホームページなどにある体験談なども参考にしながら、さまざまな状況を想定してそのときに自分がとるべき行動を考えておくことが大切です。

答え　1.　人は災害時に「大丈夫だろう」と考えがちである

　　災害時の心理の特徴に「正常化の偏見（偏向）」という言葉があります。これは、「人は自分にプラスになることはより大きく考え、マイナスになることはより小さく考える傾向がある」ことをいいます。あるいは、「都合の良い方向、安心できる方向に考えがち」ともいえます。

　このような傾向は、心の安定を得るうえで必要なことであり日常生活ではあまり問題になりません。しかし、大津波警報が出ているときに、大丈夫だろうと考えることの危険性はいうまでもありません。必死になって避難したら、結果的に「その必要はなかった」ということはありますが、それはあとになってわかることです。あくまでも最悪を想定して安全確保を図ることが行動の基本です。

2.　状況に応じて避難するときのスピードを変える必要がある

　避難するときには周囲の状況との関係で、次の２つの異なったポイン

トを意識して行動することが大切です。

(1) 率先避難者になる⇒急いで行動する

　例えば、大津波警報が出てサイレンが鳴っていれば一刻でも早く避難する必要があります。このとき、高台に向かって必死に走って避難する姿は周囲の人の避難を促すことになります。東日本大震災でもそのおかげで多くの命が助かった事例が報告されていますが、このような人のことを「率先避難者」と呼びます。前述のように、「正常化の偏見（偏向）」があるなかで、一刻を争う場合には、説得するよりも必死な姿を見せるほうが避難を促す効果が期待できます。

(2) パニックの引き金にならない⇒ゆっくりゆったり行動する

　例えば、映画館で地震が起きたとき、いきなり出口に向かって走り出すと周囲もつられて走り出し、扉が開かなくなったり、通路で将棋倒しになるなどパニックになるおそれがあります。地下街なども同様です。出口が狭く、限られた場所から避難する場合は、ややゆっくり行動するほうが適切な場合があります。

3. 安全確保のためにすぐにとるべき行動

　異常な自然現象の種類や場所（環境）をどう想定するかでいろいろな行動が考えられます。

　ここでは地震と大雨の場合の適切な行動を紹介します。

(1) 地震発生時

場　所	適切な行動や判断(例)
海岸周辺	海から離れ高い所をめざす。大きな川の河口近くも同様
屋外 （道路）	・屋根瓦、エアコンの室外機、鉢植え、看板、ネオンサイン、窓ガラス等の落下物を避けるため建物から離れる ・道路脇のブロック塀や門柱から離れる

室内	・閉じ込められないようにドアを開け出口を確保する
	・シャンデリアや蛍光灯等の下から離れる
	・窓などガラスの近くから離れる
	・2階にいるときは様子を見てから階下に降りる
	（耐震が不十分だと建物がつぶれる可能性がある）
	・揺れがおさまってから火の元を確認する（火を消す）
	・背の高い本棚がある場合、本の落下に気をつける
高層建築	エレベータは全階のボタンを押し、停まった階で降りる
公共交通	つり革や手すりにつかまりカバン等で頭を保護する
自家用車	・ハザードランプをつけ徐々に減速しながら道路左に停車する
	・車を離れるときは貴重品や車検証は持ち鍵はつけたままにする

（2）大雨や浸水時

場　所	適切な行動や判断（例）
歩行中	マンホールのふたが中からの水圧ではずれることがあるので、歩く場合は傘や棒などで足元を確認しながら進む
運転中	・高架下のアンダーパスや冠水した道路は手前で減速、停止し状況確認する。水たまりがあれば侵入しない
	・遠回りでも安全な道を通る
川の近く	水位は川幅と深さと上流の雨量などで決まるので、複数の川が流れ込む川は特に上流の雨量に注意する
地下	地下街や地下室にいるときはまずは地上に出る
自宅	避難所への避難だけでなく2階に逃げる垂直避難も考える

なお、例えば、街を歩いているときに「今ここで大きな地震が来たらどうするか」「今大雨が降ったらどうするか」というように、日頃の行動のなかで災害の発生を想定してシミュレーションしてみることも万が一のときには有効です。

4. さまざまな手段で最新の情報を入手して行動することが大切

地方自治体	・防災行政無線（屋外スピーカー、家屋内戸別受信機） ・ホームページでの情報提供 ・テレホン案内
テレビ	リモコンのdボタンを押すと地元エリアの3時間ごとの天気予報や自治体の出している避難情報等が表示される
気象庁のホームページ	「高解像度降水ナウキャスト」には前後1時間の雲の動きと予測が出る。その他、同ホームページは洪水予報や土砂災害警戒情報、噴火速報等行動に役立つ情報が多くある
メールサービス	大手携帯電話会社は重要度の高い気象情報や自治体が出す避難勧告等を無料配信している（受信には設定が必要）

第 **2** 節

配慮が必要な住民に対する
支援を中心とした
民生委員の役割

31 地域防災力を高める取り組み

32 防災学習の方法と工夫

33 さまざまな災害の状況を想定して避難支援を検討する

34 必要な支援は避難行動の段階に応じて異なる

35 災害発生時に高齢者を支援する

36 災害発生時に障害者を支援する

37 特別な配慮が必要な人のために設置される福祉避難所

38 災害時に民生委員に期待されるさまざまな役割

地域防災力を高める取り組み

民生委員が活動するうえで地域防災力は重要だということを聞きました。地域防災力とは具体的にはどのようなことをいうのでしょうか。

POINT

地域住民の災害に備える力の総和を地域防災力といいます。その力が強ければ、民生委員が地域の避難行動要支援者などの支援を行うときにも協力が得やすくなります。そのような地域の防災活動の中核として多くの地域に自主防災組織が整備されています。民生委員は日頃からこの自主防災組織の活動に積極的に参加したり関係者とつながりをもっておくことが、災害時の円滑な連携や活動につながります。

答え

1. 地域防災力の主体は地域住民

　地域防災力という言葉は法律で定められた言葉ではありません。また、関係者の間で定義が確立しているわけでもありませんが、一般的には、「地域のなかに備わっている災害に対応する力」といえます。

　では、その力を高める主体は誰でしょうか。地域福祉の主体が地域住民であるように、地域防災力の主体も地域住民です。ただし、実際に取り組む方法には、住民一人ひとりが個人や家族で行う取り組みと、地域で組織などをつくって協働で行う取り組みがあり、両者を合わせた力が地域防災力になります。

> 地域防災力　＝　住民個々の取り組み　＋　住民協働の取り組み

2. 地域防災力の内容

(1) 地域防災力の必要性

　内閣府が作成した「地域防災力診断」では次のような説明があります。

> 　災害が起きたとき、まっさきに力を発揮するのは、被災現場にいる地域の人たちです。過去の対応をみても、組織が充実している地域では、いざというときにリーダーの適切な指示や、地域住民の適切な防災行動により、被害を少なくしています。もちろん、それには災害に備えて防災訓練を実施するなど、ふだんから自主的に予防活動に取り組むこともたいへん重要です。

　ここにある、災害時に「まっさきに力を発揮するのは、被災現場にいる地域の人たち」ということはさまざまな災害が証明しています。ただし、実際に力を発揮するためには、そこに人がいるだけではだめで、地域住民が「ふだんから自主的に予防活動に取り組む」ことが大切だということです。

(2) 地域防災力の構成

　では、地域防災力とは具体的にどのような内容で構成されるのでしょうか。内閣府の地域防災力を診断する指標は災害の種類別に作成されていますが、例えば水害では、次の8項目が判断の指標とされています。

| ①監視警戒力 | ②自主避難判断力 | ③情報伝達力 | ④避難誘導力 |
| ⑤防災体制整備度 | ⑥水害危険認知度 | ⑦救助・救援力 | ⑧水防活動度 |

　災害に対する取り組みでは、自主防災組織等が中心となって、これらの指標等も参考にしながら、地域の特性に応じて目的・目標を明確にした組織づくりや防災訓練の実施などが必要とされます。

3. 自主防災組織

（1）自主防災組織とは

　自主防災組織は、町内会や自治会等の地縁組織が母体となり、地域住民や関係者が自主的に参画して地域の防災活動に取り組む組織です。

　消防団の場合は、団員各自が別な仕事をもっていても市町村の機関に位置づけられ、特別職の地方公務員（非常勤）となりますが、自主防災組織はあくまでも住民主体の任意の組織であり、市町村の機関としての位置づけはなく、メンバーに公的身分が与えられることもありません。

　ただし、自主的な組織とはいっても、必要性、公共性が高いことから、災害対策基本法第5条第2項で、市町村長に対し積極的に自主防災組織を支援する責務が課せられています。

（2）自主防災組織の活動と民生委員

①平常時

　防災訓練、防災意識の啓発や防災知識の普及、地域の防災点検、防災用の資材・機材の共同購入や整備・管理等を行います。

②災害発生時

　避難情報の収集や伝達、初期消火、住民の避難誘導、負傷者の救出・救護、食料品や飲み物の配布などの役割を担います。もちろんこれらの活動は誰が行っても構いませんが、災害時には組織的かつ迅速な動きが必要とされることから、自主防災組織は日頃から自治体や消防、警察などと連携して組織的に訓練などに取り組んでいます。

　民生委員としては、自主防災組織の活動に積極的に参画し、日頃から地域の防災関係者との連携や信頼関係を構築しておくことが大切です。そうすることで、災害が発生した場合の連携や協働がよりスムーズになります。

32

防災学習の方法と工夫

民児協で、地域の子どもたちと一緒に防災学習をしようと考えています。企画を立てる際のポイントなどを教えてください。

POINT

防災学習では、地域の実情を踏まえ、実際に役立つ知識や技術を理解し覚えることが大切です。そのため自らが参加し、答えや方法を考えて参加者同士が話しあったりしながら学ぶことが有効です。また、答えが1つとは限らないこともあるので、応用力を養うことも大切です。

答え

1. 防災学習は学校でも行われている

　　かつては一部の地域を除けば、学校では火災時の避難訓練以外あまり行われていませんでした。しかし、近年は災害の多発を受けて学校教育のなかで災害について学ぶ機会が増えています。

　現在は学習指導要領で災害に関する学習が小学4年生で必修化され、5年生、6年生でも理科や社会等のなかで災害について学んでいます。各地域で災害の歴史も踏まえてさまざまな取り組みが行われていますが、このような学習の機会に、民生委員など地域の大人が協力することで、学習の内容が豊かになることもあります。学校の授業なので制約はありますが、機会があればお手伝いを提案してみるのもいいでしょう。

　　一方、学校での防災学習の多くは限られた時間で特定の学年の児童が学ぶことになり、すべての児童が十分に学習できるわけではありません。また、防災学習を地域で行えば、より地元に密着した学習が可能になり

ます。それに加え、子どもたちが地域の大人と日頃からつながりをつくっ
ておけば、防災だけでなく防犯にも役立ちます。

　これらのことを考えると、学校で学ぶ場とは別に、地域のなかでも子
どもたちが参加できる防災学習の場をつくる意義は大きいといえるで
しょう。

2. 防災学習を企画する際のポイント

(1) 体験やリアリティーを基本にする

　防災学習は、なるべくリアルに理解し体験することが重要です。

　例えば、映像を見ることで災害の様子が具体的にわかり、学ぶ意欲や
対処方法の必要性が実感できます。ただし、このときに必要以上に恐怖
心をあおることは逆効果になります。恐怖心を植え付けることが目的で
はないので、防災学習の動機づけの範囲で考えることが大切です。

　そして、体験では、なぜその行動が必要なのかを理解したうえで、実
際に自分で参加し体を動かすことが大切です。例えば、避難経路の地図
を持っているだけでは意味がありません。その経路を歩いてみて、初め
て避難の際の危険性に気づきます。

(2) 体験談は理解を深める

　災害を体験した人の話を聞くことも大切です。「それはかわいそうだ、
酷だ」と思われるかもしれませんが、例えば、東日本大震災では「経験
を後世に伝えることが生き残った私の使命だ」と語る被災者は少なくあ
りません。事前に丁寧な打ち合わせをすることで、子ども向けにやさし
く話してもらうことも可能です。

(3) 応用力を育てる

　防災知識には基本や原則がありますが、実際に災害が起きた場合には、
それらが通用しないことがあります。そこで、防災教育では、例えば、「A
とBがあればCが作れる」という原則を学んだうえで、「Aはあるけれ

どBはない、Bを身近にある別の物で代用してCを作る」といった課題を設定して学ぶことも大切です。

3. 子どもを中心とした体験型の防災学習プログラム（例）

ここでは、子どもが楽しく参加できるプログラムの例を紹介しますが、これらのプログラムに地域の大人も参加すれば、それだけ身近な知り合いが増えることになり、そのことだけでも防災や防犯につながります。

プログラム	方 法 や 意 義
キャンプ	電気やガスがない状況での調理方法や暖をとる方法、明かりを確保する方法等を体験的に学ぶ機会になる。
まち歩き「防災探検」	白地図に自宅と最寄りの避難所を書き込み、実際に避難経路を歩き、途中の障害物や危険箇所などをチェックする。例えば、水量がすぐに増えそうな川（橋）や、道幅が狭く古いブロック塀がある場所等を書き込めば、多少遠回りでも安全な道を使ったほうがよいことに気づく。公衆電話や公衆トイレなどの位置を知ることも役に立つ。
マイ「ハザードマップ」作り	自治体が示しているハザードマップを使って上記と同じことをする。
防災かるた	災害時の注意事項を標語などのかるたにし、作成段階から子どもたちと一緒に考えれば、より理解が深まり覚えられる。紙芝居でも同じことができる。
避難所体験	学校などの避難所に一泊し、避難に必要な物（ないと困る物）やどんな困難があるかを体験的に知ることができる。
防災運動会	バケツリレー、担架作りや運搬競争などにより災害時の訓練になる。昼食は炊き出し訓練や備蓄食を試食してみる。
防災ヒーローの考案	災害時に活躍するヒーローを考え、どんな「武器」を持っているかや、どんな「必殺技」があるかを考える。

33

さまざまな災害の状況を想定して
避難支援を検討する

いつどのような状況でどんな災害が起こるかわからないなかで、避難に支援が必要な人に対する支援計画を立てるのに苦労しています。どのようなポイントで課題などを整理すればよいでしょうか。

POINT

必要な支援の内容は、①支援を必要とする人の状況（家族の状況や生活環境等も含む）、②災害の発生状況、という 2 つの要因で決まります。これらを整理することで課題が見えてきますが、①については **35**、**36** で触れるので、ここでは②の災害の発生状況について解説します。

答え

1. 災害の想定によって避難支援計画の内容は変わる

支援計画を立てるためには、本人の状況とともに、災害の発生をどのように想定するかがポイントになります。ここでは 4 つのポイントを紹介しますが、これらをどのように想定するかで支援方法や支援体制を検討する際の条件等が変化します。

2. 災害を想定する場合の 4 つのポイント

◆ポイント 1 ＝どのような種類の災害を想定するか

発生する災害の種類により、避難場所や避難ルート、避難支援の方法等が変わります。例えば、地震で津波警報が出れば海側は通らず、ひたすら海から離れた高台や避難場所を目指します。

また、地震や津波は時間的余裕がありませんが、台風や大雨等の場合、ある程度事前の予報が出るので、その情報を活かすことができれば、多少の余裕をもって避難支援等をすることが可能です。

◆ポイント2＝災害の強さや大きさをどの程度に想定するか

　非常に強い地震が起これば、ブロック塀が倒れ、崖が崩れ、避難時にそこは通れません。豪雨で道と川の境目が見えない場合も同様です。

　つまり、同じ地震や豪雨でも、その強さや大きさが違えば、影響（被害）の程度や地域の変化の様子が異なります。その点から、例えば、第二、第三の避難場所や避難経路を考えておく必要性も出てきます。

◆ポイント3＝災害が起こる季節をどの時季に想定するか

　昼の長さや気温が異なることから、季節も重要なポイントです。周囲が暗ければ不安になりますが、明るければそれだけでも少し気持ちが落ち着きますし、安全に行動できる時間が長くなります。

　避難時の持ち物でいえば、冬は防寒具、夏は水分が必須です。また、冬の避難では自宅の暖房器具の電源を切る必要があります。さらに、地域差はありますが、冬は降雪や凍結の可能性があるので、避難時の足元には特に注意が必要です。避難所に着目すると、冬は季節性のインフルエンザやノロウイルスなどにも注意が必要です。

◆ポイント4＝災害が起こる曜日や時間帯をどのように想定するか

　例えば、障害者で家族がいれば、とりあえず夜は外部からの支援は不要かもしれませんが、昼間に家族全員が不在のときは周囲の支援が必要になります。また、独居の高齢者がデイサービスを利用していれば、そのときは近隣住民の支援は不要ですが、夜間は必要になります。

　一方、避難支援を手伝ってくれそうな近所の人に着目すると、平日の昼は仕事で不在だが夜や休日なら支援を手伝うことが可能という人がいる一方、平日の昼間なら近くにある会社の社員に支援を頼めるが、休日はそれができない、というようなこともあります。

34

必要な支援は避難行動の段階に応じて異なる

支援が必要な人に対する支援の内容は、避難の段階に応じて異なると聞きましたが、具体的にはどのように違うのでしょうか。

POINT

一口に「避難」といっても、適切に避難するためには、情報を入手し、解釈し、その結果避難行動をするという段階を経ることになります。支援が必要な人の場合、心身の状況や環境等に応じてどの段階でどのような支援を必要とするかが一人ひとり異なることを意識して支援することが大切です。

一般に、人は次のような段階を経て避難をします。

---

① 災害に関する情報を入手する

↓

② 入手した情報を解釈し自分がとるべき行動を判断する

↓

③ 実際に必要な避難行動をする

　以上の３つの段階のそれぞれで、どんな困難が生じ、どんな支援を必要としているかがわかれば、必要かつ無駄のない避難支援ができます。

　以下、それぞれの段階で生じる困難と必要な支援を解説します。

1. 災害に関する情報を入手する

(1) 情報入手における困難

　情報入手の手段のうち、テレビ、ラジオ、FAX、行政の防災無線、

ホームページやメール配信などは、いずれも目や耳から入る情報なので、視力や聴力に障害があると情報が入手できない場合があります。特に豪雨の場合には、雨の音で、避難を呼びかける消防車や防災無線のスピーカーの音が聞き取りにくくなります。また、停電時には使えなくなる機器もあります。

（2）情報入手を支援する

　視力や聴力に障害がある人の情報入手を支援するためには、音と文字や映像等のさまざまな方法を組み合わせて伝えることが有効です。

　情報入手支援のもう１つの方法は、近隣住民がその人の家を訪ねて直接情報を伝える方法です。そのためには、まずは近隣の協力者の確保が必要です。そのうえで、例えば、一人暮らしの聴力障害者の場合、玄関の呼び鈴を押しても音が聞こえないので、家の中の大きな赤いランプが点滅して来訪者が来たことがわかるようにしておくというような工夫も必要です。

2.　入手した情報を解釈し自分がとるべき行動を判断する

（1）情報の解釈や判断における困難

　知的障害者や認知症高齢者等のなかには、災害情報が入ってきても、「それは自分に関係あるのか（ないのか）」「それをもとに自分はどうすればいいか」ということを判断できない（しない）人がいます。

　そもそも、避難に関して出される情報自体わかりにくく（**27** 参照）、障害者に限らず、その情報に基づいて何をすべきか判断できない人が多くいます。そのような状況のなかで、知的障害者や認知症高齢者等が情報を正しく解釈して適切な行動につなげることは相当困難です。

（2）判断を支援し、必要に応じて緊急避難行動をする

　災害が発生した（しそうな）場合、現在の状況や避難の必要性等を説明し、まずは自分から行動するように働きかける必要があります。ただ

し、切迫した状況であれば、本人が理解できない場合でも、とりあえず強引に手を引いて避難することは緊急避難として認められます。そのような場合にパニックを起こさないためにも、日頃から災害時にはどんな危険があり、どのように行動しなければならないか、ということについて学ぶ機会を設けることが大切です。例えば、絵やイラストを使って理解しやすくし、その絵を見たらどのように避難するかということを繰り返し学習することも1つの方法です。

3. 実際に必要な避難行動をする

(1) 避難行動における困難

例えば、視力障害者は、いつもなら杖を使って歩ける道でも、道路状況が一変すれば歩けません。車いすの場合も、いつもなら通れる道も、瓦礫があったり道路が陥没していれば通れません。また、災害時には周囲の人の動きも平常時と変わります。このように、災害時には道路や周囲の状況が一変することから、特に身体に障害のある人にとって、避難行動には大きな困難や危険が伴います。

(2) 避難行動を支援する

視力障害者の手を引く、車いすを押す等、必要な支援内容は明確ですが、例えば、道に障害物があって車いすが通れなくなることがあります。その場合、誰かが障害者を背負う必要が生じるかもしれません。あるいは数人で車いすを担ぐ場合もあるでしょう。

このように外部に避難する場合、環境が一変しているなかで、支援者は自分の安全を確保しながら避難支援をしなければなりません。日頃から、道路にさまざまな障害物がある、夜間で停電している、風が強く吹いている、川の水があふれている等、悪い条件を想定してそれぞれの状況に応じた避難支援方法を検討しておくことが大切です。

35

災害発生時に高齢者を支援する

> 災害が起きると高齢者にはどのような困難が起こりますか。また、支援をする際の課題やポイントはどんなことですか。

POINT

高齢者は、災害による環境変化の影響が大きく現れます。支援者は、「多くの高齢者は遠慮をして、自らは希望や要望を言わない、あるいは気づかない」と考えて、こちらから積極的に支援内容を提案するとよいでしょう。特に配慮すべきことは、体を動かすこと、バランスのとれた食事をすることです。また、認知症の高齢者の場合は、周囲の理解や協力が不可欠です。

本問では、災害が起こり、避難している状況を想定し、高齢者全般、要介護高齢者、認知症の高齢者に分けて記述します。

1. 高齢者全般

災害があると、被災前に習慣になっていた散歩やちょっとした運動、近所にお茶のみに出かけるなどの行動を控えてしまいます。自宅にいるか避難所にいるかに関係なく、本人も家族も安全第一に考えて外出などを抑制しがちになり、また、災害の片づけなどで家族や近所の人が不在になれば、会話も減るでしょう。避難所であれば、スペースがなくただじっと横になっているしかない状況になるかもしれません。

このように、災害時には体を動かさず、刺激を受けることも減ることから生活不活発病（廃用症候群）になり、現に東日本大震災後にはそれが引き金になって要介護認定を申請する高齢者が増えました。

予防のために、保健師をはじめとする専門職が健康体操などを行って

いますが、民生委員としても、簡単な知識を得て、積極的に体を動かすお手伝いをできるとよいでしょう。また、高齢者にも、無理のない範囲で、避難所運営や復旧に関する役割を担ってもらうことも大切です。

2. 要介護高齢者

　災害が発生すると、例えば、それまでは介護者が手間をかけて用意していたバランスのとれた食事が一定期間は摂れなくなります。避難所の食事、あるいは自宅で食料の配布が受けられるような場合でも、被災後しばらくの間は、おにぎりやパンなどの炭水化物中心の食生活になります。その際、要介護高齢者の噛む力や飲み込む力が弱ければ、それを細かくしたり柔らかくする工夫が必要になります。また、そうして食事を摂ることができたとしても、炭水化物中心の食事は、ビタミンやミネラルなどの欠乏を招きます。その結果、要介護高齢者の場合、褥瘡（床ずれ）ができたり悪化する危険性が高まります。また、健康な人でも、このような食事が続くと口内炎や皮膚炎ができやすくなります。

　そのため、要介護高齢者だけに限ったことではありませんが、いかにバランスよく栄養を摂るかが重要になります。民生委員としては、自治体の栄養士などとも連携して講座を開いたり、アドバイスをもらえる取り組みなどができるとよいでしょう。

3. 認知症の高齢者

　認知症の高齢者は、環境変化によるストレスによって、徘徊がひどくなったり、大声を出すなどの症状が出現することがあります。避難生活が続く場合は、福祉避難所や福祉施設の利用も考えられますが、すぐに利用できる保証はありません。とりあえず落ち着いて暮らすためには、周囲の人が本人の行動を否定せずに受け入れて声をかけたり、簡単な役割をもってもらうなどの対応が必要です。そのためには周囲の人に理解、協力してもらうための働きかけが必要になります。

36

災害発生時に障害者を支援する

災害が起きると障害者にはどのような困難が起こりますか。また、支援をする際の課題やポイントはどんなことですか。

POINT　災害発生時に障害者に生じる困難を解決するためには、自治体や施設、病院などが果たす役割とともに、周囲の人々の理解や協力が欠かせません。民生委員としては、障害者や家族と日頃から信頼関係を築きながら、本人や家族の求めに応じて周囲との調整や橋渡し役ができるとよいでしょう。

答え　一口に障害者といっても、障害の種類や程度、また、暮らしている家の環境や家族状況もさまざまであり、それぞれに応じて災害時に起こる困難も異なります。ここでは障害の種類で考えてみます。

1. 自閉症や発達障害の場合

大勢の人のなかでパニックになったり、大声を出したりすることが考えられます。また、そのような子どものいる親が、物資の配給の列に長時間並ぶことは困難でしょう。これまでの災害では、これらの人たちの行動が周囲の人からはわがままと見られ、嫌みを言われたために、避難所から出てマイカーの中で寝泊まりした家族もいます。

2. 視力障害者の場合

避難所に避難できたとしても、初めての場所ではどこに何があるのかわかりません。避難所の床に不規則に人が寝ていれば、自力でトイレに行くことは不可能です。万が一、歩いていてつまずけばトラブルになるかもしれません。避難所のある学校の校庭の真ん中に仮設トイレが設置

されても、誰かに誘導してもらわない限り、視覚障害者がそこまでたどり着くことはできないでしょう。避難所ではさまざまな連絡事項が掲示されますが、アナウンスをしたり、誰かが個別に読んで伝えるなどの支援がないと情報を入手することができません。

3. 聴覚障害者の場合

物資が届いたことが放送されてもわかりません。手元に紙や鉛筆がなければ筆談もすぐにはできません。

4. 車いすを使用している場合

避難所のトイレがバリアフリーでなければ使用が困難です。また、配給される物資の受け取りが自力では困難です。

5. 筋萎縮性側索硬化症などで人工呼吸器を装着している場合

停電は命にかかわります。そのために、小型の自家発電機を購入し、その燃料となる軽油も災害時には優先的に売ってもらえるように、近くのガソリンスタンドに頼んでいる患者さんもいます。

6. 人工透析の患者

定期的に透析が必要であり、そのためには電気や水の確保が必要です。

上記では、主に災害発生後に障害者にかかわって起こる困難をあげましたが、民生委員として適切に支援するためには、日頃から障害者の特性や生活状況を知っておくことが大切です。もちろん、プライバシーを尊重する必要があり、また、民生委員としてできることには限界があります。とはいえ、災害時には障害者やその家族は、より大きなしわ寄せを受ける一方、自分を主張することが苦手だったり遠慮する傾向があります。災害時にはできるだけ障害者や家族の声を聴き、民生委員として代弁したり後押しができるとよいでしょう。

37

特別な配慮が必要な人のために設置される 福祉避難所

> 高齢者や障害者などのために災害時に設置される福祉避難所とはどのようなところですか。避難所とはどこが違うのでしょうか。

POINT

通常の指定避難所では生活が困難で特別の配慮を必要とする障害者や高齢者などが避難する場所が福祉避難所です。市町村が既存の施設を個別に指定します。

答え

1. 避難場所と避難所

　市町村は、災害時の避難場所と避難所を指定しています。

　住民が危険を回避するために一時的に身を寄せるスペースが避難場所です。一般に公園や学校のグラウンド、公共施設などが指定されています。一時避難場所と広域避難場所など、重層的に指定している場合もあります。

　一方、自宅での生活が不可能あるいは危険なときに、一定の期間、住民が避難するために、食事提供や物資の搬入などがしやすく、トイレ使用が可能であり、横になるスペースがあることなどを考慮して指定されるのが避難所です。学校や公共施設などが指定されています。

2. 福祉避難所

　福祉避難所は、高齢者や障害者などのなかで特別な配慮が必要な人を対象にした特定の避難場所のことです。一般の避難所は、生活のための施設ではないので、健常者にとっても不便であり、集団生活によるストレスも溜まります。さらにいえば、高齢者や障害者などの場合は、避難所のなかでの移動、情報の入手、配布物の受け取り、トイレ、服薬の管理、感染症にかかりやすくなるなど、さまざまな場面でより多くの不便や危険が生じま

95

す。精神面での障害があれば、パニックを起こすことも考えられます。

　このようなことから、高齢者や障害者などのなかで特に配慮が必要な人のために設けられるのが福祉避難所です。福祉センターや福祉施設や特別支援学校など、バリアフリー化していて障害者などが使いやすい施設を市町村が指定します。通常の避難所の一画が指定されたり、民間の温泉施設や保養施設などが指定される場合もあります。

3. 利用対象者と利用方法

　福祉避難所は、特定の人が最初からそこに避難するわけではなく、まず通常の避難所に避難してもらい、必要に応じて市町村が福祉避難所の開設を決めたあとに、市町村職員などが聞き取り調査などから必要な人を判断して優先順位をつけ、順番に福祉避難所に移ってもらうことになります。実際に移れるのは、福祉避難所に専門のスタッフが配置されてからになります。なお、介助者も一緒に利用できます。

4. 補助制度と指定の状況

　その災害が災害救助法を適用された場合、福祉避難所に生活相談員を配置する費用（概ね10人の要援護者あたり1人）、要援護者のための手すりやポータブルトイレ、スロープの設置費用、紙おむつなどの消耗品の費用などに対して国から補助金が交付されます。

　福祉避難所は近年の災害時の通常の避難所の経験や反省から生まれましたが、関係者の間でも理解が十分でなく、指定やそのための準備があまり進んでいない市町村もあります。障害者や高齢者などの場合、入所施設への緊急入所という方法があるものの人数は限られています。

　災害の規模や、避難期間の長さにもよりますが、行政は高齢者や障害者などの在宅生活支援を福祉の柱にしているわけですから、災害のような万が一のときにも、安心して避難生活が送れるよう地域にきちんとした受け皿を整備することが大切です。

38

災害時に民生委員に期待されるさまざまな役割

> 避難行動要支援者の支援や自治体から頼まれる高齢者等の安否確認以外で、災害時に民生委員に期待される役割があれば教えてください。

POINT ● 災害時、住民は周囲のことを細かく気にかけたり声かけをすることが困難になります。また、行政や関係機関も多忙を極めます。そこで、民生委員には、避難行動要支援者の支援や自治体から頼まれる高齢者等の安否確認に加え、地域のなかで孤立しがちな人を支援したり、民生委員らしさを活かして関係機関に協力する役割が期待されます。

答え

1. 民生委員固有の役割を優先して活動する

　災害時、民生委員には避難行動要支援者等に対する支援とともに、民生委員らしい視点をもった役割の発揮が期待されます。

　具体的には、地域のなかで、避難行動要支援者以外で自分から情報収集したり要望したり要求することが困難な人や周囲から孤立しがちな人を意識的に見つけ出し、情報提供や支援をしたり公的支援につなぐことです。これらのことは、役所から頼まれたらするということではなく、自らの判断で情報を集めて動くことが期待されます。

　災害が起こると、民生委員は頼みやすさからかさまざまなことを頼まれます。それに対応することが間違っているわけではありませんが、もし他の人でもできることなら他の人に頼み、民生委員は前述のような、周囲から取り残されがちな人を支援したり、公的立場をもっているからこそできる活動に優先的に取り組むべきでしょう。

以下、この観点から民生委員に期待される主な役割を説明します。

2. 民生委員に期待される主な役割

(1) 避難所が開設されている場合の在宅（避難）者の支援

避難所が開設されてもさまざまな事情から避難所に避難をしない（できない）人がいます。通常、避難所にいないと情報や飲食物の配布などが受けられません。そのため橋渡し役が期待されます。

(2) 外国人の支援

周囲に知り合いがなく言葉もわからない外国人は大きな不安を抱えます。絵や地図を描いたりジェスチャーなどである程度通じるでしょうが、そのような支援をする姿勢自体が相手の安心感につながります。

(3) 不安を抱えている人の話を聴く

災害では誰もが不安を抱えます。その場合、被災者は近くにいる人に話を聴いてもらうことで気持ちが落ち着くこともあります。民生委員としては、具体的な解決策等を提示できなくても、丁寧に話を聴くこと自体が支援になります。

(4) 介護予防や健康増進の取り組み

高齢者の支援（**35**）で述べたように、高齢者は災害時には行動量が減り、心身の機能が低下します。そこで、体を動かすように声をかけたり、介護予防体操などの普及に率先して取り組むことが期待されます。

(5) ボランティアセンター業務の補助

地元以外からボランティアが来た場合、地理に不案内なので現地までの案内役が必要ですが、その役は民生委員にうってつけです。

また、災害ボランティアセンターを設置した社会福祉協議会の職員が問い合わせ電話対応に追われてしまうことがあります。社会福祉協議会の職員が他の必要な業務にも従事できるよう、ボランティアの問い合わせ電話対応等を民生委員が代わって行うことも考えられます。

第 **3** 節

被災地支援の取り組みと
支援に役立つ制度

39 被災地に物資を送る場合に気をつけること

40 被災地を支援するための募金の種類

41 被災地でボランティア活動をするとしたら

42 災害時に活用可能な公的な貸付制度

43 住宅や生活の再建に役立つ経済的支援の内容

44 被災者に支給される弔慰金や見舞金制度

45 災害時の税金等の減免や行政サービスの弾力運用

39

被災地に物資を送る場合に気をつけること

民児協で被災地に物資を送ろうと相談していますが、どんなことに
気をつける必要がありますか。

POINT

送った物資が役立つために重要なことは、被災地が現に必要と
しているものをタイミングよく送ることです。ただし、これは
簡単なことではありません。民児協のネットワークを活用した
り、自治体のホームページなども活用しながら、相手の立場に
立って行動することが大切です。

答え

1. 原則として個人的に物資は送らない

　かつて「救援物資という第二の災害が被災地を襲う」という
言葉がありました。これは、大量の物資が届くと保管場所や仕分けのた
めの人手が必要になり、さらに、その物資が不要な場合（余る場合の他、
汚れたままの服や靴など最初から使えそうにないものが送られてきたこ
ともあります）、その処理に人手や費用がかかり、物資の送付が結果と
して被災地の負担を増やしてしまうことをいいます。

　近年では、どの自治体も水、食料品、毛布、カイロなどを常時備蓄し
ていますし、自治体間の協定などもあります。したがって、友人や親族
に直接送る場合は別ですが、「これが必要だろう」という思い込みだけ
で被災地に直接物資を送ることは控えるべきでしょう。

2. 物資は必要とされているものを必要なときに送る

　もちろん、物資を送ることが全く不要、迷惑ということではありませ
ん。大切なことは、被災者が必要としているものをタイミングよく送る

ことです。この場合、行政は一律公平が原則なので、個別の事情や希望に基づく情報をそのまま直接発信することはありません。

そこで、ツイッターやフェイスブックなどのSNSによって、被災者自身や現地に入ったボランティアなどから発信された情報が役立ちます。また、災害の際には物資のマッチングのためのホームページができることもあり、その情報をもとに遠隔地で必要な物資を集めて現地に送り、役立った例もあります。

なお、被災していない自治体が、地元住民や企業から物資の提供を受けてまとめて被災地に届けることもあります。この方法に協力すれば、物資で相手に迷惑をかけたり、無駄になることはないでしょう。

3. 当事者の視点で考えることが大切

物資を送る際には、女性の視点、母親の視点、患者の視点といった「当事者の視点」で考えてみることも大切です。

避難所で、「こんな非常時にお化粧なんて」と我慢していた多くの女性が、避難所に届けられた化粧品がきっかけで日常生活を取り戻しはじめた例や、若い母親たちが哺乳瓶や粉ミルク、紙おむつを送って喜ばれたといったことは、女性の視点が実際に活かされた好例です。

被災当初は生きるための物資としての食料や毛布などが必要ですが、時間とともにニーズは変化します。花屋さんが避難所に届けたたくさんの花に心が和んだ話、治療中のがん患者の女性にカツラを送った話など、いずれも、それぞれの立場でできることをして役立った事例のごく一部です。

なお、物資を送る場合、「同じ種類の物は一箱にまとめ、外側に内容を大きく書く」「衣類、タオル、靴などを送る場合は原則として新品を送る」「生ものは送らない」などのルールも守る必要があります。

いずれも、関係機関から情報提供を受けながら活動することが大切です。

40

被災地を支援するための募金の種類

被災地を支援するために現金を送りたいという相談を受けましたが、どのような方法がありますか。

POINT

寄付をする場合、①日本赤十字社（日赤）と中央共同募金会（共募）が共同で行っている義援金に送る、②「ふるさと納税制度」を利用して特定の自治体に送る、③社会福祉団体などが活動支援のために行っている募金に送る、④目的を明確にしたファンド（基金）に送る、の４通りが考えられます。寄付をする人が、自分の寄付金を何に（どこに）役立ててほしいかを考えて選択するとよいでしょう。

答え

1. 寄付の方法はいくつかある

　被災当初の数日間は飲食物の確保が最優先になり、その段階では現金はあまり意味がありません。しかし、時間が経過し、生活再建を進める段階では、確実にお金が必要になります。その場合、**42**、**43**、**44** で述べる公的資金だけでなく、多くの国民から集まる善意の募金も貴重な財源になります。

2. 日本赤十字社と中央共同募金会が行う義援金

　一番知られている義援金は、日赤と共募が共同（NHK も参加）で行う募金です。各新聞社やテレビ局などが独自に募金を行う場合も、多くは最終的に、ここに義援金として送られます。さまざまな分野の代表者が入った委員会で配分方法を決めたうえで被災者に配ります。

　東日本大震災の場合には、あまりにも被害の規模が大きく、被害の全体像がなかなかつかめなかったことから配分方法の決定に手間取り、ま

102

た、具体的な配分業務を担う市町村が多忙であったり、遠方への避難者の確認などに時間がかかってしまったため、配分が遅いという批判を浴びましたが、最終的には被災者（一部が地元の自治体に送られる場合もある）の手元に渡る仕組みになっていることは確かです。その点で、確実に信用できる募金です。

3. ふるさと納税

　これは自分が支援したい都道府県や市町村に寄付金を送る制度です。もともとあるふるさと納税制度を活用し、寄付をするというものです。受け取った自治体は、それぞれで使い道を考えることになります。

4. 活動支援金

　これは、被災者ではなく、被災者を支援するボランティア活動などの費用を支える募金です。活動している団体が直接募金を募る場合もあれば、活動の支援を行っている大規模な福祉団体などが募集する例もあります。共募では、義援金とは別に活動支援金も募集しています。

5. ファンド（基金）

　例えば、罹災した文化財を修復する、飼い主が不明になったペットを保護するといったように、使用目的を明確にして独自に寄付を募る方法です。

　以上のとおり、寄付の行き先は何通りかあります。「寄付をどこにすればよいか」と相談された場合、これらの寄付の種類や目的を説明したうえで、本人に選択してもらうとよいでしょう。

6. 現金を出さずに寄付する方法

　最後に現金を出さない寄付の方法ですが、近年は、買い物をしたときに貯まるカードのポイント分をカード会社が手続きをして代わりに寄付する仕組みもあり、手間のかからない寄付の方法として便利です。

41

被災地でボランティア活動をするとしたら

被災地でボランティア活動をしたいという人から相談を受けました。どのような助言や情報提供をすればよいでしょうか。

POINT 災害時でも、ボランティア精神やマナーは通常の活動と同じですが、環境は全く変わります。災害ボランティアは、「現地の人の手を煩わせない」「現地のニーズに合わせて動く」ことを基本に行動する必要があります。

答え 民生委員自身がボランティアをする場合もあるでしょうし、「ボランティアに行きたい」という人から相談を受ける場合もあるでしょう。自分の地元の社会福祉協議会（社協）に問い合わせても、ある程度の情報やアドバイスは得られますが、民生委員としてもとりあえず次のような事項は知っておくとよいでしょう。

1. 被災地には災害ボランティアセンターができる

大規模な災害が起こると、一般的には自治体や社協などがボランティアの支援が必要だと判断した場合、災害ボランティアセンター（以下「災害ボラセン」）を設置します。災害ボラセンは、ボランティアの募集、ニーズの発掘や受付、活動先の調整などを行います。

もちろん、ボランティアは自由な活動なので、災害ボラセンの許可がないと活動できないということはありませんし、実際にいろいろな災害で独自の活動も行われています。ただし、それができるのは経験のあるNPOや独自のネットワークをもつ組織などに限られます。初めて活動する人は、まず災害ボラセンを情報源とするとよいでしょう。

2. 実際にボランティア活動に参加する場合

　被災地で必要とされるボランティアは、災害の種類や規模によって異なりますし、被災直後なのか、少し経ってからなのか、長期的なのか、といった時期によっても異なります。ここでは、共通事項を紹介します。

①情報はできる限り自分で入手する

　災害ボラセンが設置されると、社協のホームページにボランティア情報が掲載されます。現地に電話をすれば、その対応に時間をとらせてしまうことになるわけですから、できるだけホームページなどを活用して自分で情報収集することが大切です。

②必要なものは自分で用意し持参する

　どのような活動でも、水、食料、軍手、マスクなどは必要ですが、それらはボランティア自身で用意する必要があります。宿泊の場合の場所も自分で確保することが原則ですが、場合によっては宿泊用に公的施設を開放したり、テントを張る場所を現地が確保している例もあります。大切なことは、何の準備もせず、「とりあえず手伝いに来ました」というように気持ちだけで動いてはいけないということです。

③現地の都合に合わせて動く

　災害時はニーズが刻々と変化します。そのため、ホームページで「ボランティア募集」と出ているのを見て当日行ったら、活動がないこともあります。そのような場合に、「せっかく来たんだから何か活動させて」と要求することはスタッフの手間を増やすだけですので、現地の指示に従うことが基本です。善意の押し売りは迷惑をかけます。

④天災に対応できるボランティア保険に加入する必要がある

　一般のボランティア保険は、天災時は適用されません。そのため、「天災プラン付き」というボランティア保険に必ず加入する必要があります。手続きはボランティアをする人の地元の社協でできます。

42

災害時に活用可能な公的な貸付制度

> 被災者が活用できる公的な貸付制度があれば教えてください。

POINT

銀行等による融資はいつでもあるわけですから、災害時でも要件を満たせば融資を利用できますが、ここではそのような一般的な融資ではなく、災害時に特化した貸付の制度として、災害援護資金と生活福祉資金のなかの災害時に活用できる貸付の2つを紹介します。なお、これらは貸付であり当然返済義務があることに注意してください。

答え 災害時には、一定要件に該当すると、生活再建支援金（**43**参照）、応急修理制度（**43**参照）、弔慰金や見舞金（**44**参照）などの経済的支援を受けられます。一方で、被災者は生活再建のために多くの費用が必要になりますが、そのときに役立つ被災者支援のための公的な資金貸付制度として、次の2つの制度があります。

1. 災害援護資金

　災害によって負傷したり住居や家財などに損害を受けた人が利用できる生活再建のための貸付制度です。災害弔慰金の支給等に関する法律に基づいて設けられ、その都道府県内に災害救助法が適用された市町村がある災害等の場合にこの制度が適用されます。貸付の実施主体は市町村なので、以下の条件等は必ず市町村に確認してください。

（1）次のいずれかの被害を受けた世帯の世帯主が利用可能

①世帯主が災害により負傷し、概ね1か月以上の療養が必要

②家財の3分の1以上が損害を受けた

③住居の半壊または全壊、流出

(2) 貸付限度額

①世帯主に療養1か月以上の負傷がある場合

・当該負傷のみ⇒150万円　・家財3分の1以上損害⇒250万円

・住居の半壊⇒270万円　　・住居の全壊⇒350万円

②世帯主に療養1か月以上の負傷がない場合

・家財3分の1以上損害⇒150万円　　・住居の半壊⇒170万円

・住居の全壊⇒250万円　・住居全体の滅失または流出⇒350万円

　なお、災害援護資金の利用には所得制限があり、また、償還期間は10年以内、利率3%以内、据置期間3年等の条件があります。

2. 生活福祉資金

　生活福祉資金はもともと民生委員の世帯更生運動から始まり、現在は低所得世帯、障害者、高齢者等を対象に都道府県社会福祉協議会が実施しています。申し込み窓口は各市町村社会福祉協議会です。災害救助法が適用された災害などの場合に、次の2つの貸付制度が利用可能です。条件等は弾力化されることもあるので必ず確認してください。

(1) 緊急小口資金⇒上限10万円で無利子、1年以内に返済

　緊急かつ一時的に生計の維持が困難になった場合の費用として貸し出すもので、会社の倒産や突然の解雇といった事態が想定されますが、災害の場合も対象になります。

(2) 福祉費⇒次の①住宅補修費、②災害援護費の2つがある

①住宅補修費は、住宅補修や保全等の資金で、貸付限度額250万円、据置期間が2年以内で据置期間経過後20年以内が返済期限です。

②災害援護費は災害を受けたことで臨時に必要となる経費を貸し付けるもので、貸付限度額150万円（目安とされています）で、その他の条件は住宅補修費と同様です。

43

住宅や生活の再建に役立つ経済的支援の内容

自然災害で被災したときに受けられる住宅再建や修理にかかわる経済的支援制度にはどのようなものがありますか。支援を受けるにはどのような条件があるのでしょうか。

POINT

大規模な自然災害で、住居が被害を受けた場合には生活再建支援金が支給されます。また、応急修理に要する費用も公的援助があります。ただし、いずれの場合も適用を受けるには条件があります。詳細は窓口である市町村にたずねるとよいでしょう。

答え

1. 住宅確保に役立つ被災者生活再建支援金

　被災者生活再建支援金は、被災者生活再建支援法に基づき被災者の生活基盤の立て直しを支援するために支援金を支給するもので、阪神・淡路大震災をきっかけに制定されました。費用は、都道府県と国が負担しています。被災者が住んでいる市町村または都道府県が次の条件（ここに掲げた内容は主なものです）のいずれかに該当し、自宅が全壊または大規模半壊した場合に支給対象になります。

①10世帯以上の住宅が全壊した市町村
②100世帯以上の住宅が全壊した都道府県
③上記に隣接している地域（一定の条件あり）　等

　支給される額は、住宅の被害程度に応じた基礎支援金と再建方法に応じた加算支援金を合算した額になります。なお、世帯人数が1人の場合、金額が4分の3に減額されます。また、自治体によっては独自に金額を上乗せしている場合があります。

（基礎支援金の基準額：最大）

住宅の被害	全壊	解体	長期避難	大規模半壊
支給額	100万円	100万円	100万円	50万円

（加算支援金の基準額：最大）

住宅の再建方法	建設・購入	補修	賃借
支給額	200万円	100万円	50万円

2. 再度住むための応急修理に役立つ住宅応急修理制度

　以下のすべての条件を満たすと住宅応急修理制度が適用され、市町村が業者に住宅の修理を委託し、その費用も市町村が業者に支払います。限度額は大規模半壊等59万5000円、一部損壊30万円です。

●住宅応急修理制度の適用を受ける条件●

①大規模半壊または半壊、半焼、流出の被害を受けたこと。
②応急仮設住宅（民間賃貸住宅借り上げを含む）を利用しないこと。
③全壊でも応急修理によって居住可能な場合は対象となる。

　上記に該当する世帯が、居室、台所、トイレなどの日常生活に必要不可欠な部分を応急修理する場合の費用（災害によって生じた被害部分にかかわる費用のみ）が対象になります。なお、一律の所得制限はありませんが、半壊および一部損壊の場合は、自らの資金力では応急修理できない旨の申出書を出す必要があります。また、全壊および大規模半壊の場合、申出書の提出は不要です。

3. 住宅再建にかかわる特別な融資制度

　公的機関である住宅金融支援機構では、被災者を対象にした有利な条件の災害復興住宅融資（建設、新築または中古住宅購入）制度を設けています。自宅が全壊、大規模半壊または半壊した被災者が対象です。

44

被災者に支給される弔慰金や見舞金制度

> 災害で亡くなったり障害を受けた場合に、弔慰金や見舞金が出ると
> 聞きました。具体的にはどのような制度ですか。

POINT 大規模な災害で死亡した場合や障害を受けた場合に、弔慰金や
見舞金を支給する制度があります。それぞれ証明書類などが必
要な場合がありますが、その扱いは市町村によって異なるので、
まずは市町村に問い合わせるとよいでしょう。

答え 　　災害弔慰金の支給等に関する法律により、自然災害によって
死亡した人の遺族には災害弔慰金が、重度の障害を受けた人に
は災害障害見舞金が市町村から支給されます。その費用の半分を国、4
分の1を都道府県が負担しています。なお、弔慰金、見舞金とも差押禁
止財産なので手元に残すことができます。

1. 本制度は一定規模以上の被害が生じた自然災害に適用される

　この弔慰金や見舞金はどんな災害でも適用されるわけではなく、下表
に示す一定規模以上の被害が生じた自然災害の場合に適用されます。

●災害弔慰金・災害障害見舞金が適用される自然災害の条件●

・1市町村内で住居が5世帯以上滅失した災害
・都道府県内において住居が5世帯以上滅失した市町村が3以上ある
・都道府県内において災害救助法が適用された市町村が1以上ある
・災害救助法が適用された市町村をその区域内に含む都道府県が2以上ある

110

適用条件は前記の表のとおりなので、例えば、集中豪雨による土砂崩れで家が1軒だけ全壊した災害では、この制度は適用されません。また、死亡や障害の原因が本人の故意や重大な過失の場合も適用されません。

2. 死亡した人が生計維持者かどうかで弔慰金の額が異なる

災害弔慰金の額と受給対象になる遺族の範囲は次のとおりです。

死亡した人	弔慰金の額	受給できる遺族と順位
生計維持者	500万円	①配偶者（事実婚含む）、②子、③親、④孫、⑤祖父母、同居または同一生計の兄弟姉妹
生計維持者以外	250万円	

なお、3か月以上の生死不明者は死亡したものと推定します。

3. 災害障害見舞金は障害が重度の場合のみ適用される

災害障害見舞金は、自然災害によって重度の障害を受けた場合に適用される制度です。対象、金額、適用条件は次のとおりです。

障害を受けた人	弔慰金の額	適用される障害
生計維持者	250万円	両眼失明、常時の要介護状態、両上肢肘関節以上切断、両下肢膝関節以上切断　等
生計維持者以外	125万円	

仮にこの災害障害見舞金を受けた人がその後死亡した場合は、すでに受けた金額を控除して前述の弔慰金が支給されます。

災害弔慰金、災害障害見舞金とも市町村が実施主体です。それぞれを受けるためには、罹災証明書や診断書などが必要ですが、災害という特別な事情を考慮してそれらを簡略化している場合もあります。詳細は市町村で確認するとよいでしょう。

45

災害時の税金等の減免や行政サービスの弾力運用

被災した場合、税金や保険料の減免や支払猶予等の特別措置を受けられると聞きましたが、どのような内容でしょうか。

POINT

被災した場合、税金や保険料や公共料金等の減免や支払い期限の延長、行政サービスの利用条件の緩和や料金の減免等の対象になることがあります。ただし、いずれも一定の条件があります。また、これらの措置は、原則として自分から申請をしないと適用されないので、可能性がある場合はまずは関係窓口に相談してください。

被災者に対しては、税金や公共料金、公的サービスの利用等に関して次のような特別措置による支援策があります。

1. 税金の特別措置

(1) 所得税（国税）の減免

災害により住宅や家財などに損害を受けた場合、確定申告によって所得税の全部または一部が減免されます。減免額の算出は「雑損控除」と「災害減免法」の2つから選ぶことが可能です（条件あり）。

雑損控除では、所得税を計算するときの所得額から、災害が原因で資産に生じた損失額や撤去費用の合計額を差し引くことができます。

災害減免法は、所得金額が1000万円以下で災害による損失額が住宅や家財の時価の5割以上の人が選択することができる制度で、その人の所得額に応じて段階的に所得税が軽減されます。

(2) 地方税の減免

災害で被害を受けた場合、固定資産税、個人住民税、自動車税等の地方税の全部または一部が減免されます。このうち、固定資産税の減免は家や土地が流出したり著しく損傷した場合が対象です。屋根瓦が落ちた、壁に亀裂が入ったといった程度では対象になりません。

(3) 納付期限の延長等

災害時には国税、地方税とも納税期限が延長されることがあります。

2. 保険制度における減免

災害による収入減少で保険料や窓口負担（自己負担）の支払いが困難な人を対象に、医療保険や介護保険の保険料、医療や介護サービス利用時の自己負担額を減免する制度です。保険者により扱いが異なるので、詳細は所属する保険組合や市町村に確認する必要があります。

3. 公共料金等の減免や支払期限の延長

災害時、電気、ガス、水道、電話料金に関して、減免や支払い期限の延長などが行われることがあります。各事業者の判断で行うので、詳細は事業者に問い合わせる必要があります。また、NHK の受信料についても減免措置が行われることがあります。

4. 行政サービスの弾力運用

例えば、公営住宅に公募ではなく入居できる、災害復旧時に一時的に子どもを保育所で預かる、児童扶養手当の所得制限を適用除外する等、公的サービスや給付の弾力運用が行われることがあります。

5. 行政サービスの手数料等の減免

災害対応に使う住民票や印鑑証明書等の発行料金、粗大ゴミの処理費用等、通常は有料のものが災害時には無料化されることがあります。

資料

資料 1　個人情報の保護に関する法律（抄）

資料 2　災害対策基本法（抄）

資料 3　災害救助法（抄）

資料 4　被災者生活再建支援法（抄）

資料 5　災害弔慰金の支給等に関する法律（抄）

資料 6　災害種別の注意図記号、避難場所図記号、
避難所図記号

個人情報の保護に関する法律（抄）

（平成 15 年 5 月 30 日法律第 57 号）　※令和 2 年 6 月 12 日法律第 44 号改正現在

第 1 章　総則

（目的）

第 1 条　この法律は、高度情報通信社会の進展に伴い個人情報の利用が著しく
拡大していることに鑑み、個人情報の適正な取扱いに関し、基本理念及び政
府による基本方針の作成その他の個人情報の保護に関する施策の基本となる
事項を定め、国及び地方公共団体の責務等を明らかにするとともに、個人情
報を取り扱う事業者の遵守すべき義務等を定めることにより、個人情報の適
正かつ効果的な活用が新たな産業の創出並びに活力ある経済社会及び豊かな
国民生活の実現に資するものであることその他の個人情報の有用性に配慮し
つつ、個人の権利利益を保護することを目的とする。

（定義）

第 2 条　この法律において「個人情報」とは、生存する個人に関する情報であっ
て、次の各号のいずれかに該当するものをいう。

　一　当該情報に含まれる氏名、生年月日その他の記述等（文書、図画若しく
は電磁的記録（電磁的方式（電子的方式、磁気的方式その他人の知覚によっ
ては認識することができない方式をいう。次項第 2 号において同じ。）で作
られる記録をいう。第 18 条第 2 項及び第 28 条第 1 項において同じ。）に記
載され、若しくは記録され、又は音声、動作その他の方法を用いて表され
た一切の事項（個人識別符号を除く。）をいう。以下同じ。）により特定の
個人を識別することができるもの（他の情報と容易に照合することができ、
それにより特定の個人を識別することができることとなるものを含む。）

　二　個人識別符号が含まれるもの

2　この法律において「個人識別符号」とは、次の各号のいずれかに該当する
文字、番号、記号その他の符号のうち、政令で定めるものをいう。

　一　特定の個人の身体の一部の特徴を電子計算機の用に供するために変換し

た文字、番号、記号その他の符号であって、当該特定の個人を識別することができるもの

二　個人に提供される役務の利用若しくは個人に販売される商品の購入に関し割り当てられ、又は個人に発行されるカードその他の書類に記載され、若しくは電磁的方式により記録された文字、番号、記号その他の符号であって、その利用者若しくは購入者又は発行を受ける者ごとに異なるものとなるように割り当てられ、又は記載され、若しくは記録されることにより、特定の利用者若しくは購入者又は発行を受ける者を識別することができるもの

3　この法律において「要配慮個人情報」とは、本人の人種、信条、社会的身分、病歴、犯罪の経歴、犯罪により害を被った事実その他本人に対する不当な差別、偏見その他の不利益が生じないようにその取扱いに特に配慮を要するものとして政令で定める記述等が含まれる個人情報をいう。

4　この法律において「個人情報データベース等」とは、個人情報を含む情報の集合物であって、次に掲げるもの（利用方法からみて個人の権利利益を害するおそれが少ないものとして政令で定めるものを除く。）をいう。

一　特定の個人情報を電子計算機を用いて検索することができるように体系的に構成したもの

二　前号に掲げるもののほか、特定の個人情報を容易に検索することができるように体系的に構成したものとして政令で定めるもの

5　この法律において「個人情報取扱事業者」とは、個人情報データベース等を事業の用に供している者をいう。ただし、次に掲げる者を除く。

一　国の機関

二　地方公共団体

三　独立行政法人等（独立行政法人等の保有する個人情報の保護に関する法律（平成15年法律第59号）第2条第1項に規定する独立行政法人等をいう。以下同じ。）

四　地方独立行政法人（地方独立行政法人法（平成15年法律第118号）第2条第1項に規定する地方独立行政法人をいう。以下同じ。）

6　この法律において「個人データ」とは、個人情報データベース等を構成す

る個人情報をいう。

7　この法律において「保有個人データ」とは、個人情報取扱事業者が、開示、内容の訂正、追加又は削除、利用の停止、消去及び第三者への提供の停止を行うことのできる権限を有する個人データであって、その存否が明らかになることにより公益その他の利益が害されるものとして政令で定めるもの以外のものをいう。

8　この法律において個人情報について「本人」とは、個人情報によって識別される特定の個人をいう。

（基本理念）

第3条　個人情報は、個人の人格尊重の理念の下に慎重に取り扱われるべきものであることにかんがみ、その適正な取扱いが図られなければならない。

第2章　国及び地方公共団体の責務等

（国の責務）

第4条　国は、この法律の趣旨にのっとり、個人情報の適正な取扱いを確保するために必要な施策を総合的に策定し、及びこれを実施する責務を有する。

（地方公共団体の責務）

第5条　地方公共団体は、この法律の趣旨にのっとり、その地方公共団体の区域の特性に応じて、個人情報の適正な取扱いを確保するために必要な施策を策定し、及びこれを実施する責務を有する。

第4章　個人情報取扱事業者の義務等

　第1節　個人情報取扱事業者等の義務

（利用目的の特定）

第15条　個人情報取扱事業者は、個人情報を取り扱うに当たっては、その利用の目的（以下「利用目的」という。）をできる限り特定しなければならない。

2　個人情報取扱事業者は、利用目的を変更する場合には、変更前の利用目的と関連性を有すると合理的に認められる範囲を超えて行ってはならない。

（利用目的による制限）

第16条　個人情報取扱事業者は、あらかじめ本人の同意を得ないで、前条の規

定により特定された利用目的の達成に必要な範囲を超えて、個人情報を取り扱ってはならない。

2　個人情報取扱事業者は、合併その他の事由により他の個人情報取扱事業者から事業を承継することに伴って個人情報を取得した場合は、あらかじめ本人の同意を得ないで、承継前における当該個人情報の利用目的の達成に必要な範囲を超えて、当該個人情報を取り扱ってはならない。

3　前2項の規定は、次に掲げる場合については、適用しない。

一　法令に基づく場合

二　人の生命、身体又は財産の保護のために必要がある場合であって、本人の同意を得ることが困難であるとき。

三　公衆衛生の向上又は児童の健全な育成の推進のために特に必要がある場合であって、本人の同意を得ることが困難であるとき。

四　国の機関若しくは地方公共団体又はその委託を受けた者が法令の定める事務を遂行することに対して協力する必要がある場合であって、本人の同意を得ることにより当該事務の遂行に支障を及ぼすおそれがあるとき。

（不適正な利用の禁止）

第16条の2　個人情報取扱事業者は、違法又は不法な行為を助長し、又は誘発するおそれがある方法により個人情報を利用してはならない。

（適正な取得）

第17条　個人情報取扱事業者は、偽りその他不正の手段により個人情報を取得してはならない。

2　個人情報取扱事業者は、次に掲げる場合を除くほか、あらかじめ本人の同意を得ないで、要配慮個人情報を取得してはならない。

一　法令に基づく場合

二　人の生命、身体又は財産の保護のために必要がある場合であって、本人の同意を得ることが困難であるとき。

三　公衆衛生の向上又は児童の健全な育成の推進のために特に必要がある場合であって、本人の同意を得ることが困難であるとき。

四　国の機関若しくは地方公共団体又はその委託を受けた者が法令の定める事務を遂行することに対して協力する必要がある場合であって、本人の同

意を得ることにより当該事務の遂行に支障を及ぼすおそれがあるとき。

　　五　当該要配慮個人情報が、本人、国の機関、地方公共団体、第76条第1項
　　　　各号に掲げる者その他個人情報保護委員会規則で定める者により公開され
　　　　ている場合

　　六　その他前各号に掲げる場合に準ずるものとして政令で定める場合

（取得に際しての利用目的の通知等）

第18条　個人情報取扱事業者は、個人情報を取得した場合は、あらかじめその
　　利用目的を公表している場合を除き、速やかに、その利用目的を、本人に通
　　知し、又は公表しなければならない。

（データ内容の正確性の確保等）

第19条　個人情報取扱事業者は、利用目的の達成に必要な範囲内において、個
　　人データを正確かつ最新の内容に保つとともに、利用する必要がなくなった
　　ときは、当該個人データを遅滞なく消去するよう努めなければならない。

（安全管理措置）

第20条　個人情報取扱事業者は、その取り扱う個人データの漏えい、滅失又は
　　毀損の防止その他の個人データの安全管理のために必要かつ適切な措置を講
　　じなければならない。

（従業者の監督）

第21条　個人情報取扱事業者は、その従業者に個人データを取り扱わせるに当
　　たっては、当該個人データの安全管理が図られるよう、当該従業者に対する
　　必要かつ適切な監督を行わなければならない。

（委託先の監督）

第22条　個人情報取扱事業者は、個人データの取扱いの全部又は一部を委託す
　　る場合は、その取扱いを委託された個人データの安全管理が図られるよう、
　　委託を受けた者に対する必要かつ適切な監督を行わなければならない。

（漏えい等の報告等）

第22条の2　個人情報取扱事業者は、その取り扱う個人データの漏えい、滅失、
　　毀損その他の個人データの安全の確保に係る事態であって個人の権利利益を
　　害するおそれが大きいものとして個人情報保護委員会規則で定めるものが生
　　じたときは、個人情報保護委員会規則で定めるところにより、当該事態が生

じた旨を個人情報保護委員会に報告しなければならない。ただし、当該個人情報取扱事業者が、他の個人情報取扱事業者から当該個人データの取扱いの全部又は一部の委託を受けた場合であって、個人情報保護委員会規則で定めるところにより、当該事態が生じた旨を当該他の個人情報取扱事業者に通知したときは、この限りでない。

2　前項に規定する場合には、個人情報取扱事業者（同項ただし書の規定による通知をした者を除く。）は、本人に対し、個人情報保護委員会規則で定めるところにより、当該事態が生じた旨を通知しなければならない。ただし、本人への通知が困難な場合であって、本人の権利利益を保護するため必要なこれに代わるべき措置をとるときは、この限りでない。

（第三者提供の制限）

第23条　個人情報取扱事業者は、次に掲げる場合を除くほか、あらかじめ本人の同意を得ないで、個人データを第三者に提供してはならない。

一　法令に基づく場合

二　人の生命、身体又は財産の保護のために必要がある場合であって、本人の同意を得ることが困難であるとき。

三　公衆衛生の向上又は児童の健全な育成の推進のために特に必要がある場合であって、本人の同意を得ることが困難であるとき。

四　国の機関若しくは地方公共団体又はその委託を受けた者が法令の定める事務を遂行することに対して協力する必要がある場合であって、本人の同意を得ることにより当該事務の遂行に支障を及ぼすおそれがあるとき。

第 1 章　総則

（目的）

第 1 条　この法律は、国土並びに国民の生命、身体及び財産を災害から保護するため、防災に関し、基本理念を定め、国、地方公共団体及びその他の公共機関を通じて必要な体制を確立し、責任の所在を明確にするとともに、防災計画の作成、災害予防、災害応急対策、災害復旧及び防災に関する財政金融措置その他必要な災害対策の基本を定めることにより、総合的かつ計画的な防災行政の整備及び推進を図り、もつて社会の秩序の維持と公共の福祉の確保に資することを目的とする。

（定義）

第 2 条　この法律において、次の各号に掲げる用語の意義は、それぞれ当該各号に定めるところによる。

一　災害　暴風、竜巻、豪雨、豪雪、洪水、崖崩れ、土石流、高潮、地震、津波、噴火、地滑りその他の異常な自然現象又は大規模な火事若しくは爆発その他その及ぼす被害の程度においてこれらに類する政令で定める原因により生ずる被害をいう。

二　防災　災害を未然に防止し、災害が発生した場合における被害の拡大を防ぎ、及び災害の復旧を図ることをいう。

七　防災計画　防災基本計画及び防災業務計画並びに地域防災計画をいう。

八　防災基本計画　中央防災会議が作成する防災に関する基本的な計画をいう。

十　地域防災計画　一定地域に係る防災に関する計画で、次に掲げるものをいう。

　　イ　都道府県地域防災計画　都道府県の地域につき、当該都道府県の都道府県防災会議が作成するもの

ロ　市町村地域防災計画　市町村の地域につき、当該市町村の市町村防災
　会議又は市町村長が作成するもの

ハ　都道府県相互間地域防災計画　2以上の都道府県の区域の全部又は一部
　にわたる地域につき、都道府県防災会議の協議会が作成するもの

ニ　市町村相互間地域防災計画　2以上の市町村の区域の全部又は一部にわ
　たる地域につき、市町村防災会議の協議会が作成するもの

（基本理念）

第2条の2　災害対策は、次に掲げる事項を基本理念として行われるものとする。

一　我が国の自然的特性に鑑み、人口、産業その他の社会経済情勢の変化を
　踏まえ、災害の発生を常に想定するとともに、災害が発生した場合におけ
　る被害の最小化及びその迅速な回復を図ること。

二　国、地方公共団体及びその他の公共機関の適切な役割分担及び相互の連
　携協力を確保するとともに、これと併せて、住民一人一人が自ら行う防災
　活動及び自主防災組織（住民の隣保協同の精神に基づく自発的な防災組織
　をいう。以下同じ。）その他の地域における多様な主体が自発的に行う防災
　活動を促進すること。

三　災害に備えるための措置を適切に組み合わせて一体的に講ずること並び
　に科学的知見及び過去の災害から得られた教訓を踏まえて絶えず改善を図
　ること。

四　災害の発生直後その他必要な情報を収集することが困難なときであつて
　も、できる限り的確に災害の状況を把握し、これに基づき人材、物資その
　他の必要な資源を適切に配分することにより、人の生命及び身体を最も優
　先して保護すること。

五　被災者による主体的な取組を阻害することのないよう配慮しつつ、被災
　者の年齢、性別、障害の有無その他の被災者の事情を踏まえ、その時期に
　応じて適切に被災者を援護すること。

六　災害が発生したときは、速やかに、施設の復旧及び被災者の援護を図り、
　災害からの復興を図ること。

（国の責務）

第3条　国は、前条の基本理念（以下「基本理念」という。）にのつとり、国土

資料

災害対策基本法（抄）

123

並びに国民の生命、身体及び財産を災害から保護する使命を有することに鑑み、組織及び機能の全てを挙げて防災に関し万全の措置を講ずる責務を有する。

2　国は、前項の責務を遂行するため、災害予防、災害応急対策及び災害復旧の基本となるべき計画を作成し、及び法令に基づきこれを実施するとともに、地方公共団体、指定公共機関、指定地方公共機関等が処理する防災に関する事務又は業務の実施の推進とその総合調整を行ない、及び災害に係る経費負担の適正化を図らなければならない。

（都道府県の責務）

第4条　都道府県は、基本理念にのつとり、当該都道府県の地域並びに当該都道府県の住民の生命、身体及び財産を災害から保護するため、関係機関及び他の地方公共団体の協力を得て、当該都道府県の地域に係る防災に関する計画を作成し、及び法令に基づきこれを実施するとともに、その区域内の市町村及び指定地方公共機関が処理する防災に関する事務又は業務の実施を助け、かつ、その総合調整を行う責務を有する。

2　都道府県の機関は、その所掌事務を遂行するにあたつては、前項に規定する都道府県の責務が十分に果たされることとなるように、相互に協力しなければならない。

（市町村の責務）

第5条　市町村は、基本理念にのつとり、基礎的な地方公共団体として、当該市町村の地域並びに当該市町村の住民の生命、身体及び財産を災害から保護するため、関係機関及び他の地方公共団体の協力を得て、当該市町村の地域に係る防災に関する計画を作成し、及び法令に基づきこれを実施する責務を有する。

2　市町村長は、前項の責務を遂行するため、消防機関、水防団その他の組織の整備並びに当該市町村の区域内の公共的団体その他の防災に関する組織及び自主防災組織の充実を図るほか、住民の自発的な防災活動の促進を図り、市町村の有する全ての機能を十分に発揮するように努めなければならない。

3　消防機関、水防団その他市町村の機関は、その所掌事務を遂行するにあたつては、第1項に規定する市町村の責務が十分に果たされることとなるように、

相互に協力しなければならない。

（地方公共団体相互の協力）

第5条の2　地方公共団体は、第4条第1項及び前条第1項に規定する責務を十分に果たすため必要があるときは、相互に協力するように努めなければならない。

（国及び地方公共団体とボランティアとの連携）

第5条の3　国及び地方公共団体は、ボランティアによる防災活動が災害時において果たす役割の重要性に鑑み、その自主性を尊重しつつ、ボランティアとの連携に努めなければならない。

（住民等の責務）

第7条　地方公共団体の区域内の公共的団体、防災上重要な施設の管理者その他法令の規定による防災に関する責務を有する者は、基本理念にのっとり、法令又は地域防災計画の定めるところにより、誠実にその責務を果たさなければならない。

2　災害応急対策又は災害復旧に必要な物資若しくは資材又は役務の供給又は提供を業とする者は、基本理念にのっとり、災害時においてもこれらの事業活動を継続的に実施するとともに、当該事業活動に関し、国又は地方公共団体が実施する防災に関する施策に協力するように努めなければならない。

3　前2項に規定するもののほか、地方公共団体の住民は、基本理念にのっとり、食品、飲料水その他の生活必需物資の備蓄その他の自ら災害に備えるための手段を講ずるとともに、防災訓練その他の自発的な防災活動への参加、過去の災害から得られた教訓の伝承その他の取組により防災に寄与するように努めなければならない。

（施策における防災上の配慮等）

第8条　国及び地方公共団体は、その施策が、直接的なものであると間接的なものであるとを問わず、一体として国土並びに国民の生命、身体及び財産の災害をなくすることに寄与することとなるように意を用いなければならない。

2　国及び地方公共団体は、災害の発生を予防し、又は災害の拡大を防止するため、特に次に掲げる事項の実施に努めなければならない。

一　災害及び災害の防止に関する科学的研究とその成果の実現に関する事項

二　治山、治水その他の国土の保全に関する事項

三　建物の不燃堅牢化その他都市の防災構造の改善に関する事項

四　交通、情報通信等の都市機能の集積に対応する防災対策に関する事項

五　防災上必要な気象、地象及び水象の観測、予報、情報その他の業務に関する施設及び組織並びに防災上必要な通信に関する施設及び組織の整備に関する事項

六　災害の予報及び警報の改善に関する事項

七　地震予知情報（大規模地震対策特別措置法（昭和 53 年法律第 73 号）第 2 条第 3 号の地震予知情報をいう。）を周知させるための方法の改善に関する事項

八　気象観測網の充実についての国際的協力に関する事項

九　台風に対する人為的調節その他防災上必要な研究、観測及び情報交換についての国際的協力に関する事項

十　火山現象等による長期的災害に対する対策に関する事項

十一　水防、消防、救助その他災害応急措置に関する施設及び組織の整備に関する事項

十二　地方公共団体の相互応援及び第 86 条の 8 第 1 項に規定する広域一時滞在に関する協定並びに民間の団体の協力の確保に関する協定の締結に関する事項

十三　自主防災組織の育成、ボランティアによる防災活動の環境の整備、過去の災害から得られた教訓を伝承する活動の支援その他国民の自発的な防災活動の促進に関する事項

十四　被災者の心身の健康の確保、居住の場所の確保その他被災者の保護に関する事項

十五　高齢者、障害者、乳幼児その他の特に配慮を要する者（以下「要配慮者」という。）に対する防災上必要な措置に関する事項

十六　海外からの防災に関する支援の受入れに関する事項

十七　被災者に対する的確な情報提供及び被災者からの相談に関する事項

十八　防災上必要な教育及び訓練に関する事項

十九　防災思想の普及に関する事項

第 3 節　避難行動要支援者名簿の作成等

（避難行動要支援者名簿の作成）

第 49 条の 10　市町村長は、当該市町村に居住する要配慮者のうち、災害が発生し、又は災害が発生するおそれがある場合に自ら避難することが困難な者であつて、その円滑かつ迅速な避難の確保を図るため特に支援を要するもの（以下「避難行動要支援者」という。）の把握に努めるとともに、地域防災計画の定めるところにより、避難行動要支援者について避難の支援、安否の確認その他の避難行動要支援者の生命又は身体を災害から保護するために必要な措置（以下「避難支援等」という。）を実施するための基礎とする名簿（以下この条及び次条第 1 項において「避難行動要支援者名簿」という。）を作成しておかなければならない。

2　避難行動要支援者名簿には、避難行動要支援者に関する次に掲げる事項を記載し、又は記録するものとする。

　一　氏名

　二　生年月日

　三　性別

　四　住所又は居所

　五　電話番号その他の連絡先

　六　避難支援等を必要とする事由

　七　前各号に掲げるもののほか、避難支援等の実施に関し市町村長が必要と認める事項

3　市町村長は、第 1 項の規定による避難行動要支援者名簿の作成に必要な限度で、その保有する要配慮者の氏名その他の要配慮者に関する情報を、その保有に当たつて特定された利用の目的以外の目的のために内部で利用することができる。

4　市町村長は、第 1 項の規定による避難行動要支援者名簿の作成のため必要があると認めるときは、関係都道府県知事その他の者に対して、要配慮者に関する情報の提供を求めることができる。

（名簿情報の利用及び提供）

第 49 条の 11　市町村長は、避難支援等の実施に必要な限度で、前条第 1 項の

規定により作成した避難行動要支援者名簿に記載し、又は記録された情報（以下「名簿情報」という。）を、その保有に当たつて特定された利用の目的以外の目的のために内部で利用することができる。

2　市町村長は、災害の発生に備え、避難支援等の実施に必要な限度で、地域防災計画の定めるところにより、消防機関、都道府県警察、民生委員法（昭和23年法律第198号）に定める民生委員、社会福祉法（昭和26年法律第45号）第109条第1項に規定する市町村社会福祉協議会、自主防災組織その他の避難支援等の実施に携わる関係者（次項において「避難支援等関係者」という。）に対し、名簿情報を提供するものとする。ただし、当該市町村の条例に特別の定めがある場合を除き、名簿情報を提供することについて本人（当該名簿情報によつて識別される特定の個人をいう。次項において同じ。）の同意が得られない場合は、この限りでない。

3　市町村長は、災害が発生し、又は発生するおそれがある場合において、避難行動要支援者の生命又は身体を災害から保護するために特に必要があると認めるときは、避難支援等の実施に必要な限度で、避難支援等関係者その他の者に対し、名簿情報を提供することができる。この場合においては、名簿情報を提供することについて本人の同意を得ることを要しない。

（名簿情報を提供する場合における配慮）

第49条の12　市町村長は、前条第2項又は第3項の規定により名簿情報を提供するときは、地域防災計画の定めるところにより、名簿情報の提供を受ける者に対して名簿情報の漏えいの防止のために必要な措置を講ずるよう求めることその他の当該名簿情報に係る避難行動要支援者及び第三者の権利利益を保護するために必要な措置を講ずるよう努めなければならない。

（秘密保持義務）

第49条の13　第49条の11第2項若しくは第3項の規定により名簿情報の提供を受けた者（その者が法人である場合にあつては、その役員）若しくはその職員その他の当該名簿情報を利用して避難支援等の実施に携わる者又はこれらの者であつた者は、正当な理由がなく、当該名簿情報に係る避難行動要支援者に関して知り得た秘密を漏らしてはならない。

資料3
災害救助法（抄）

（昭和22年10月18日法律第118号）　※平成30年6月15日法律第52号改正現在

第1章　総則

（目的）

第1条　この法律は、災害に際して、国が地方公共団体、日本赤十字社その他の団体及び国民の協力の下に、応急的に、必要な救助を行い、被災者の保護と社会の秩序の保全を図ることを目的とする。

（救助の対象）

第2条　この法律による救助（以下「救助」という。）は、都道府県知事が、政令で定める程度の災害が発生した市（特別区を含む。以下同じ。）町村（以下「災害発生市町村」という。）の区域（地方自治法（昭和22年法律第67号）第252条の19第1項の指定都市にあっては、当該市の区域又は当該市の区若しくは総合区の区域とする。次条第1項において同じ。）内において当該災害により被害を受け、現に救助を必要とする者に対して、これを行う。

（救助実施市の長による救助の実施）

第2条の2　救助実施市（その防災体制、財政状況その他の事情を勘案し、災害に際し円滑かつ迅速に救助を行うことができるものとして内閣総理大臣が指定する市をいう。以下同じ。）の区域内において前条に規定する災害により被害を受け、現に救助を必要とする者に対する救助は、同条の規定にかかわらず、当該救助実施市の長が行う。

2　前項の規定による指定（以下この条において「指定」という。）は、内閣府令で定めるところにより、同項の救助を行おうとする市の申請により行う。

3　内閣総理大臣は、指定をしようとするときは、あらかじめ、当該指定をしようとする市を包括する都道府県の知事の意見を聴かなければならない。

4　内閣総理大臣は、指定をしたときは、直ちにその旨を公示しなければならない。

5　前各項に定めるもののほか、指定及びその取消しに関し必要な事項は、内

閣府令で定める。

（都道府県知事による連絡調整）

第２条の３ 都道府県知事は、救助実施市の区域及び当該救助実施市以外の市町村の区域にわたり発生した第２条に規定する災害に際し、当該都道府県知事及び当該救助実施市の長が行う救助において必要となる物資の供給又は役務の提供が適正かつ円滑に行われるよう、当該救助実施市の長及び物資の生産等（生産、集荷、販売、配給、保管又は輸送をいう。以下同じ。）を業とする者その他の関係者との連絡調整を行うものとする。

第２章　救助

（都道府県知事等の努力義務）

第３条 都道府県知事又は救助実施市の長（以下「都道府県知事等」という。）は、救助の万全を期するため、常に、必要な計画の樹立、強力な救助組織の確立並びに労務、施設、設備、物資及び資金の整備に努めなければならない。

（救助の種類等）

第４条 救助の種類は、次のとおりとする。

一　避難所及び応急仮設住宅の供与

二　炊き出しその他による食品の給与及び飲料水の供給

三　被服、寝具その他生活必需品の給与又は貸与

四　医療及び助産

五　被災者の救出

六　被災した住宅の応急修理

七　生業に必要な資金、器具又は資料の給与又は貸与

八　学用品の給与

九　埋葬

十　前各号に規定するもののほか、政令で定めるもの

２　救助は、都道府県知事等が必要があると認めた場合においては、前項の規定にかかわらず、救助を要する者（埋葬については埋葬を行う者）に対し、金銭を支給してこれを行うことができる。

３　救助の程度、方法及び期間に関し必要な事項は、政令で定める。

資料 4
被災者生活再建支援法（抄）
（平成 10 年 5 月 22 日法律第 66 号）　※平成 23 年 8 月 30 日法律第 100 号改正現在

第 1 章　総則

（目的）

第 1 条　この法律は、自然災害によりその生活基盤に著しい被害を受けた者に
　　対し、都道府県が相互扶助の観点から拠出した基金を活用して被災者生活再
　　建支援金を支給するための措置を定めることにより、その生活の再建を支援
　　し、もって住民の生活の安定と被災地の速やかな復興に資することを目的と
　　する。

（定義）

第 2 条　この法律において、次の各号に掲げる用語の意義は、当該各号に定め
　　るところによる。

　一　自然災害　暴風、豪雨、豪雪、洪水、高潮、地震、津波、噴火その他の
　　異常な自然現象により生ずる被害をいう。

　二　被災世帯　政令で定める自然災害により被害を受けた世帯であって次に
　　掲げるものをいう。

　　イ　当該自然災害によりその居住する住宅が全壊した世帯

　　ロ　当該自然災害によりその居住する住宅が半壊し、又はその居住する住
　　　宅の敷地に被害が生じ、当該住宅の倒壊による危険を防止するため必要が
　　　あること、当該住宅に居住するために必要な補修費等が著しく高額となる
　　　ことその他これらに準ずるやむを得ない事由により、当該住宅を解体し、
　　　又は解体されるに至った世帯

　　ハ　当該自然災害により火砕流等による被害が発生する危険な状況が継続
　　　することその他の事由により、その居住する住宅が居住不能のものとな
　　　り、かつ、その状態が長期にわたり継続することが見込まれる世帯

　　ニ　当該自然災害によりその居住する住宅が半壊し、基礎、基礎ぐい、壁、
　　　柱等であって構造耐力上主要な部分として政令で定めるものの補修を含

131

む大規模な補修を行わなければ当該住宅に居住することが困難であると認められる世帯（ロ及びハに掲げる世帯を除く。次条において「大規模半壊世帯」という。）

第2章　被災者生活再建支援金の支給
（被災者生活再建支援金の支給）
第3条　都道府県は、当該都道府県の区域内において被災世帯となった世帯の世帯主に対し、当該世帯主の申請に基づき、被災者生活再建支援金（以下「支援金」という。）の支給を行うものとする。

2　被災世帯（被災世帯であって自然災害の発生時においてその属する者の数が1である世帯（第5項において「単数世帯」という。）を除く。以下この条において同じ。）の世帯主に対する支援金の額は、100万円（大規模半壊世帯にあっては、50万円）に、当該被災世帯が次の各号に掲げる世帯であるときは、当該各号に定める額を加えた額とする。

一　その居住する住宅を建設し、又は購入する世帯　200万円

二　その居住する住宅を補修する世帯　100万円

三　その居住する住宅（公営住宅法（昭和26年法律第193号）第2条第2号に規定する公営住宅を除く。）を賃借する世帯　50万円

3　前項の規定にかかわらず、被災世帯が、同一の自然災害により同項各号のうち2以上に該当するときの当該世帯の世帯主に対する支援金の額は、100万円（大規模半壊世帯にあっては、50万円）に当該各号に定める額のうち最も高いものを加えた額とする。

4　前2項の規定にかかわらず、前条第2号ハに該当する被災世帯であって政令で定める世帯の世帯主に対する支援金の額は、300万円を超えない範囲内で政令で定める額とする。

5　単数世帯の世帯主に対する支援金の額については、前3項の規定を準用する。この場合において、第2項及び第3項中「100万円」とあるのは「75万円」と、「50万円」とあるのは「37万5000円」と、第2項中「200万円」とあるのは「150万円」と、前項中「300万円」とあるのは「225万円」と読み替えるものとする。

第5章　雑則

（譲渡等の禁止）

第20条の2　支援金の支給を受けることとなった者の当該支給を受ける権利は、譲り渡し、担保に供し、又は差し押さえることができない。

2　支援金として支給を受けた金銭は、差し押さえることができない。

（公課の禁止）

第21条　租税その他の公課は、支援金として支給を受けた金銭を標準として、課することができない。

災害弔慰金の支給等に関する法律（抄）

（昭和 48 年 9 月 18 日法律第 82 号）　※令和元年 6 月 7 日法律第 27 号改正現在

第 1 章　総則

（趣旨）

第 1 条　この法律は、災害により死亡した者の遺族に対して支給する災害弔慰
　　金、災害により精神又は身体に著しい障害を受けた者に対して支給する災害
　　障害見舞金及び災害により被害を受けた世帯の世帯主に対して貸し付ける災
　　害援護資金について規定するものとする。

（定義）

第 2 条　この法律において「災害」とは、暴風、豪雨、豪雪、洪水、高潮、地震、
　　津波その他の異常な自然現象により被害が生ずることをいう。

第 2 章　災害弔慰金の支給

（災害弔慰金の支給）

第 3 条　市町村（特別区を含む。以下同じ。）は、条例の定めるところにより、
　　政令で定める災害（以下この章及び次章において単に「災害」という。）によ
　　り死亡した住民の遺族に対し、災害弔慰金の支給を行うことができる。

2　前項に規定する遺族は、死亡した者の死亡当時における配偶者（婚姻の届
　　出をしていないが事実上婚姻関係と同様の事情にあつた者を含み、離婚の届
　　出をしていないが事実上離婚したと同様の事情にあつた者を除く。）、子、父母、
　　孫及び祖父母並びに兄弟姉妹（死亡した者の死亡当時その者と同居し、又は
　　生計を同じくしていた者に限る。以下この項において同じ。）の範囲とする。
　　ただし、兄弟姉妹にあつては、当該配偶者、子、父母、孫又は祖父母のいず
　　れもが存しない場合に限る。

3　災害弔慰金の額は、死亡者一人当たり 500 万円を超えない範囲内で死亡者
　　のその世帯における生計維持の状況等を勘案して政令で定める額以内とする。

（災害による死亡の推定）

第4条　災害の際現にその場にいあわせた者につき、当該災害のやんだ後3月間その生死がわからない場合には、災害弔慰金に関する規定の適用については、その者は、当該災害によつて死亡したものと推定する。

（支給の制限）

第5条　災害弔慰金は、その災害による死亡がその死亡した者の故意又は重大な過失によるものである場合その他これを支給することが不適当と認められる政令で定める場合には、支給しない。

（譲渡等の禁止）

第5条の2　災害弔慰金の支給を受けることとなつた者の当該支給を受ける権利は、譲り渡し、担保に供し、又は差し押さえることができない。

2　災害弔慰金として支給を受けた金銭は、差し押さえることができない。

（非課税）

第6条　租税その他の公課は、災害弔慰金として支給を受ける金銭を標準として、課することができない。

（費用の負担）

第7条　都道府県は、災害弔慰金に要する費用につき、その4分の3を負担するものとする。

2　国は、前項の規定により都道府県が負担する費用につき、その3分の2を負担するものとする。

第3章　災害障害見舞金の支給

（災害障害見舞金の支給）

第8条　市町村は、条例の定めるところにより、災害により負傷し、又は疾病にかかり、治つたとき（その症状が固定したときを含む。）に精神又は身体に別表に掲げる程度の障害がある住民（次項において「障害者」という。）に対し、災害障害見舞金の支給を行うことができる。

2　災害障害見舞金の額は、障害者一人当たり250万円を超えない範囲内で障害者のその世帯における生計維持の状況を勘案して政令で定める額以内とする。

（準用規定）

第9条　第5条から第7条までの規定は、災害障害見舞金について準用する。

第4章　災害援護資金の貸付け

（災害援護資金の貸付け）

第10条　市町村は、条例の定めるところにより、その区域内において災害救助法（昭和22年法律第118号）による救助の行われる災害その他の政令で定める災害により次に掲げる被害を受けた世帯で政令の定めるところにより算定したこれに属する者の所得の合計額が政令で定める額に満たないものの世帯主に対し、生活の立て直しに資するため、災害援護資金の貸付けを行うことができる。

一　療養に要する期間がおおむね1月以上である世帯主の負傷

二　政令で定める相当程度の住居又は家財の損害

2　災害援護資金の一災害における一世帯当たりの限度額は、政令で定める。

3　災害援護資金の償還期間（据置期間を含む。）は、10年を超えない範囲内で政令で定める。

4　災害援護資金は、据置期間中は無利子とし、据置期間経過後は、延滞の場合を除き、その利率を年3パーセント以内で条例で定める率とする。

（都道府県の貸付け）

第11条　都道府県は、市町村（地方自治法（昭和22年法律第67号）第252条の19第1項の指定都市（以下「指定都市」という。）を除く。第13条第1項、第14条第1項、第16条、第18条及び附則第2条第1項を除き、以下同じ。）が災害援護資金の貸付けの財源として必要とする金額に相当する金額を、延滞の場合を除き無利子で、市町村に貸し付けるものとする。

2　前項の貸付金の償還期間（据置期間を含む。）は、11年を超えない範囲内で政令で定める。

（国の貸付け）

第12条　国は、指定都市が災害援護資金の貸付けの財源として必要とする金額又は都道府県が前条第1項の規定により市町村に貸し付ける貸付金の額の3分の2に相当する金額を、延滞の場合を除き無利子で、指定都市又は都道府県に貸し付けるものとする。

2　前項の貸付金の償還期間（据置期間を含む。）は、12 年（指定都市に対する
　ものにあつては 11 年）を超えない範囲内で政令で定める。

（償還金の支払猶予）

第 13 条　市町村は、災害その他政令で定めるやむを得ない理由により、災害援
　護資金の貸付けを受けた者が支払期日に償還金を支払うことが著しく困難に
　なつたと認められるときは、償還金の支払を猶予することができる。ただし、
　災害援護資金の貸付けを受けた者が、第 16 条の規定により報告を求められて、
　正当な理由がなく報告をせず、又は虚偽の報告をしたときは、この限りでない。

2　前項の規定により償還金の支払が猶予されたときは、災害援護資金の利子
　の計算については、当該償還金の支払によつて償還されるべきであつた災害
　援護資金は、猶予前の支払期日に償還されたものとみなす。

（償還免除）

第 14 条　市町村は、災害援護資金の貸付けを受けた者が死亡したとき、精神若
　しくは身体に著しい障害を受けたため災害援護資金を償還することができな
　くなつたと認められるとき又は破産手続開始の決定若しくは再生手続開始の
　決定を受けたときは、当該災害援護資金の償還未済額の全部又は一部の償還
　を免除することができる。ただし、次の各号のいずれかに該当するときは、
　この限りでない。

　一　災害援護資金の貸付けを受けた者が、第 16 条の規定により報告を求めら
　　れて、正当な理由がなく報告をせず、又は虚偽の報告をしたとき。

　二　災害援護資金の貸付けを受けた者の保証人が、当該災害援護資金の償還
　　未済額を償還することができると認められるとき。

2　都道府県は、市町村が前項の規定により災害援護資金の償還を免除したと
　きは、当該市町村に対し、その免除した金額に相当する額の貸付金の償還を
　免除するものとする。

3　国は、指定都市又は都道府県が第 1 項又は前項の規定により災害援護資金
　又は貸付金の償還を免除したときは、当該指定都市又は都道府県に対し、そ
　の免除した金額の 3 分の 2 に相当する額の貸付金の償還を免除するものとす
　る。

（貸付金の償還方法）

第15条　市町村は、都道府県からの貸付金の償還期間の終期前1年までの間は、災害援護資金の償還を受けたときに、政令の定めるところにより、償還を受けた金額（利子及び延滞利子に係る金額を除く。第3項において同じ。）に相当する金額を都道府県に償還するものとする。

2　都道府県は、国からの貸付金の償還期間の終期前1年までの間は、前項の規定により貸付金の償還を受けたときに、政令の定めるところにより、償還を受けた金額の3分の2に相当する金額を国に償還するものとする。

3　指定都市は、国からの貸付金の償還期間の終期前1年までの間は、災害援護資金の償還を受けたときに、政令の定めるところにより、償還を受けた金額の3分の2に相当する金額を国に償還するものとする。

（報告等）

第16条　市町村は、この法律の規定により、償還金の支払を猶予し、又は災害援護資金の償還未済額の全部若しくは一部の償還を免除するか否かを判断するために必要があると認めるときは、災害援護資金の貸付けを受けた者又はその保証人の収入又は資産の状況について、災害援護資金の貸付けを受けた者若しくはその保証人に報告を求め、又は官公署に対し必要な文書の閲覧若しくは資料の提供を求めることができる。

（政令への委任）

第17条　第10条から前条までに規定するもののほか、災害援護資金の貸付方法、貸付条件その他災害援護資金の貸付け（これに係る都道府県及び国の貸付金の貸付けを含む。）に関し必要な事項は、政令で定める。

別表　（第8条関係）

一　両眼が失明したもの

二　咀嚼及び言語の機能を廃したもの

三　神経系統の機能又は精神に著しい障害を残し、常に介護を要するもの

四　胸腹部臓器の機能に著しい障害を残し、常に介護を要するもの

五　両上肢をひじ関節以上で失つたもの

六　両上肢の用を全廃したもの

七　両下肢をひざ関節以上で失つたもの

八　両下肢の用を全廃したもの

九　精神又は身体の障害が重複する場合における当該重複する障害の程度が前
　各号と同程度以上と認められるもの

資料6
災害種別の注意図記号、避難場所図記号、避難所図記号

高潮・津波の注意図記号

避難場所図記号（高潮・津波以外）

土石流の注意図記号

高潮・津波の避難場所図記号

崖崩れ・地滑りの注意図記号

避難所図記号

著者紹介

小林　雅彦 （こばやし・まさひこ）
国際医療福祉大学医療福祉学部教授

1957 年、千葉県生まれ。
日本社会事業大学大学院社会福祉学研究科修士課程修了。
川崎市社会福祉協議会、全国社会福祉協議会、
厚生労働省地域福祉専門官等を経て現職。

〈主著〉
『民生委員活動の基礎知識』（単著、中央法規出版、2020 年）
『民生委員のための障害者支援ハンドブック』（単著、中央法規出版、2019 年）
『民生委員のための相談面接ハンドブック』（単著、中央法規出版、2017 年）
『民生委員・児童委員のための子ども・子育て支援実践ハンドブック』（単著、中央法規出版、2014 年）
『社会福祉基礎（高等学校福祉科教科書)』（共著、実教出版、2013 年）
『民生委員のための地域福祉活動実践ハンドブック』（単著、中央法規出版、2011 年）
『改訂 民生委員のための地域福祉活動 Q&A』（共著、中央法規出版、2011 年）
『地域福祉論―基本と事例（第 2 版）』（編著、学文社、2010 年）
『地域福祉論―理論と方法』（共編著、第一法規出版、2009 年）
『住民参加型の福祉活動―きらめく実践例』（共編著、ぎょうせい、2002 年）
『地域福祉の法務と行政』（編著、ぎょうせい、2002 年）

新版 民生委員のための地域福祉活動実践ハンドブック
——防災活動と個人情報保護に関する 45 の Q ＆ A

2020 年 9 月 20 日　初 版 発 行
2021 年 12 月 10 日　初版第 5 刷発行

著　者 ………… 小林雅彦

発行者 ………… 荘村明彦

発行所 ………… 中央法規出版株式会社
　　　　　　　　〒 110-0016　東京都台東区台東 3-29-1　中央法規ビル
　　　　　　　　TEL　03-6387-3196
　　　　　　　　https://www.chuohoki.co.jp/

印刷・製本 ……… 株式会社太洋社

ブックデザイン … 株式会社ジャパンマテリアル

ISBN978-4-8058-8201-6

定価はカバーに表示してあります。
落丁本・乱丁本はお取り替えいたします。
本書のコピー、スキャン、デジタル化等の無断複製は、著作権法上での例外を除き禁じられています。また、
本書を代行業者等の第三者に依頼してコピー、スキャン、デジタル化することは、たとえ個人や家庭内
での利用であっても著作権法違反です。
本書の内容に関するご質問については、下記 URL から「お問い合わせフォーム」にご入力いただきます
ようお願いいたします。
https://www.chuohoki.co.jp/contact/